WIZARD

高勝率システムの考え方と作り方と検証

リスクが少なく無理しない短期売買

ローレンス・A・コナーズ
シーザー・アルバレス
マット・ラドケ[著]

長尾慎太郎[監修]
山口雅裕[訳]

Trading with Bollinger Bands-A Quantified Guide

How To Trade High Probability Stock Gaps-Second Edition

ETF Gap Trading A Definitive Guide

The Long Pullbacks Strategy

ETF Scale-In Trading

The VXX Trend Following Strategy

Trading Leveraged ETFs With ConnorsRSI

Pan Rolling

【免責事項】

コナーズ・リサーチ社、ローレンス・A・コナーズ、シーザー・アルバレス（以降、「当社」と称する）は、本書の公表によって、投資顧問サービスを提供するものでも、登録投資顧問業者または証券業者として行動するものでもありません。また、顧客がどの証券や通貨を売買すべきかを伝えたり提案したりすることも意図していません。当社の属するアナリスト、従業員または関連会社は、本書で述べる株式、通貨または業界のポジションを保有している可能性があります。証券や通貨のトレードには非常に大きなリスクがあります。当社、著者、出版者および全関連会社は、読者のトレードや投資の結果について、いかなる責任も負いません。当社のウェブサイトや出版物における事実の記述は発表当時になされたものであり、予告なく変更されることがあります。

本書に掲載した手法やテクニック、指標によって、利益が得られるとも、損失が生じるとも考えてはなりません。当社出版物に掲載された個々のトレーダーやトレードシステムの過去の結果は、そのトレーダーやシステムの将来のリターンを示唆するものでも、読者が将来に得られるリターンを示唆するものでもありません。さらに、当社製品の指標、戦略、コラム、記事、その他すべての特徴（以降、「情報」と称する）は、情報提供および教育のみを目的としたものであり、投資アドバイスと解釈すべきではありません。当社のウェブサイトで取り上げた例は、教育だけを目的にしたものです。それらのセットアップは売買注文の勧誘ではありません。したがって、それらの情報だけに頼って投資をするべきではありません。そうではなく、さらに自分でリサーチをして、投資に関する相場観を作るための出発点としてのみ利用すべきです。

読者は常に公認のファイナンシャルアドバイザーや税務顧問に確認をして、投資にふさわしいかどうかを判断すべきです。

仮想上あるいはシミュレーションされたパフォーマンスの結果には固有の限界があります。シミュレーションによる結果は実際のパフォーマンスとは異なり、実際のトレードを表すものではなく、証券会社などのスリッページの影響が反映されていない場合もあります。また、トレードは実際に執行されていないため、その結果は流動性の不足のような市場の影響を十分に取り除いていないか、過度に取り除いている可能性があります。さらに、シミュレーション用のトレードプログラムは一般に、過去のトレード結果を利用して設計されるものです。いかなる口座でも、本書で示されたことと同様の利益または損失を生じる可能性が高いという表明をするものではありません。

ニュージャージー州ジャージーシティー
エクスチェンジ・プレイス10番　1800号　コナーズ・リサーチ社

How To Trade High Probability Stock Gaps-Second Edition
The Long Pullbacks Strategy
The VXX Trend Following Strategy
ETF Gap Trading : A Definitive Guide
Trading Leveraged ETFs With ConnorsRSI
Trading with Bollinger Bands-A Quantified Guide
Copyright © 2013 by Laurence A. Connors and Cesar Alvarez. All Rights reserved.

ETF Scale-In Trading
Copyright © 2013 by Connors Research, LLC. All Rights reserved.

監修者まえがき

　本書はローレンス・A・コナーズ（通称ラリー・コナーズ）が著した"Connors Research Trading Strategy Series"の邦訳である。ラリー・コナーズと言えば、すでに『魔術師リンダ・ラリーの短期売買入門』『コナーズの短期売買入門』『コナーズの短期売買実践』『コナーズの短期売買戦略』（いずれもパンローリング刊）の4冊の邦訳がある。どれも出色の相場書であるが、本書もその例に漏れず読者の期待を裏切らない秀作である。ここで読者の方の理解を容易にするために、ラリーの著書に見られる顕著な特性を以下に整理してみる。

● 明確に定義されたルールで構成され、恣意的な解釈を要しないトレード戦略。
● それらはすべて個人投資家にも実行可能でプラクティカルである。
● さらに、拡張性と有効性、堅牢性を備える。
● 大言壮語もヘッジクローズもなく、事実のみを淡々と記述してある。
● 自分勝手な推測に基づいて知ったかぶりで嘘を書いたりしていない。
● 主張のすべてに検証結果が付され、その限界に関する記述がある。
● すべての記述を通して、相互の内容に矛盾がなく首尾一貫している。

　なんだ、全部当たり前のことばかりじゃないか、と思われるかもしれないが、これらは現実には100冊に1冊くらいにしか見られない稀有な属性である。一方でほかの大多数の書籍・雑誌にあるような浮薄な夢や希望は本書には書かれていない。相場の世界で語られる夢や希望は、実際にはほとんどがファンタジーの世界にのみ存在する妄想の産物、絵に書いた餅である。バラ色の未来をうたったり、著者の成功譚を自慢げに語ったりするのはそれぞれの書き手の自由であるが、事

実に基づかない話や再現性に乏しい話は、おとぎ話にしても投資家・トレーダーにとってはちっとも面白くないし、読むだけ時間の無駄だ。

逆に、目的地に至る堅実な方法論を求める人にとって、ラリーの著書を読むのはとても楽しいものになるだろう。私も読んでいるうちに、自分ならこの部分は具体的にはこのように応用して……などと考えて、気分が高揚してくるのを感じる。私たちにとって夢や希望を持てるような相場書とは、客観的な事実に立脚し実行性のある投資・トレード戦略を解説してある本書のような書籍のことを指す。

監修者の立場を離れて感想を正直に書くと、短期売買に関しては、両ラリー（ラリー・コナーズとラリー・ウィリアムズ）の書いたものさえ手元にあれば、もはやほかの著者の本は読む必要はないのではないかとすら思える。以前に『**コナーズの短期売買入門**』が出版されたときに、「株式を売買するシステムトレーダーにとって最高の教科書」だと私は評したが、短期売買にフォーカスした本書は「株式やETFで短期売買を行うトレーダーにとって最高の教科書」であると言える。

翻訳にあたっては以下の方々に心から感謝の意を表したい。山口雅裕氏は正確かつ迅速な翻訳を行っていただいた。そして阿部達郎氏にはいつもながら丁寧な編集・校正を行っていただいた。また、本書が発行される機会を得たのは、パンローリング社の後藤康徳社長のおかげである。

2014年2月

長尾慎太郎

CONTENTS

監修者まえがき　　　　　　　　　　　　　　　　　　　1

第1部　ギャップを利用した高勝率の株式トレード法［第2版］　　　7

　第1章　ギャップトレードの簡単な歴史　　　　　　　9
　第2章　ギャップとは何か？　　　　　　　　　　　　13
　第3章　株式のギャップトレード　　　　　　　　　　17
　第4章　指値注文を置くギャップトレード　　　　　　21
　第5章　ギャップの大きさの重要性　　　　　　　　　29
　第6章　ギャップリバーサルでの手仕舞い　　　　　　35
　第7章　株式のギャップを利用したオプションのトレード　45
　第8章　追記、および現実のトレードでギャップリバーサルを利用する方法　　　　　　　　　　　　　　49
　付録　　RSIの計算法　　　　　　　　　　　　　　　51

第2部　押し目買い戦略　　　　　　　　　　　　　　53

　第1章　押し目買いについて　　　　　　　　　　　　55
　第2章　押し目買いのルール　　　　　　　　　　　　57
　第3章　検証結果　　　　　　　　　　　　　　　　　65
　第4章　手仕舞いの役割　　　　　　　　　　　　　　71
　第5章　デイトレードで行う押し目買い　　　　　　　77
　第6章　押し目買いを利用したオプションのトレード　79
　第7章　終わりに　　　　　　　　　　　　　　　　　83
　付録　　RSI、ヒストリカルボラティリティ、ADXの計算法　87

第3部　VXXのトレンドフォロー戦略　　　　　　　　91

　第1章　ボラティリティのトレードについて　　　　　93
　第2章　VXXでのトレンドフォローのルール　　　　101
　第3章　検証結果　　　　　　　　　　　　　　　　109
　第4章　見本のポートフォリオの結果　　　　　　　117
　第5章　VXXのトレンドフォローを用いたオプションのトレード　　　　　　　　　　　　　　　　　125
　第6章　終わりに　　　　　　　　　　　　　　　　131

第4部	ETFでのギャップトレード──決定版	**135**
第1章	ギャップトレードの簡単な歴史	137
第2章	ギャップとは何か？	141
第3章	下へのギャップで買い、上へのギャップで空売りをする	145
第4章	指値注文を使ってギャップで買う──良い戦略をさらに改善する	151
第5章	ギャップリバーサルで手仕舞う	159
第6章	レバレッジ型ETFを使い、ギャップリバーサルでトレードをする	165
第7章	ETFのギャップでオプションをトレードする	175
第8章	ギャップリバーサルで実際にETFをトレードする	179

第5部	コナーズRSIに基づくレバレッジ型ETFのトレード	**183**
第1章	レバレッジ型ETF	185
第2章	コナーズRSI	189
第3章	レバレッジ型ETFのトレード戦略のルール	195
第4章	手仕舞いの役割	205
第5章	検証結果	209
第6章	レバレッジ型ETFの戦略に基づくオプションのトレード	219
第7章	終わりに	223

第6部	ETFの買い下がりトレード	**227**
第1章	はじめに	229
第2章	ETFの買い下がり戦略のルール	235
第3章	買い下がりの比率	247
第4章	手仕舞いの役割	251
第5章	検証結果	255
第6章	ETFの買い下がり戦略に基づくオプションのトレード	265
第7章	終わりに	269

CONTENTS

第7部 ボリンジャーバンドを利用したトレード──数量化された指針　273

第1章　ボリンジャーバンドと％bを利用したトレードについて　275
第2章　ルール　279
第3章　検証結果　281
第4章　手仕舞いの役割　287
第5章　ボリンジャーバンドと％bを利用したデイトレード　291
第6章　ボリンジャーバンドと％bを利用したオプションのトレード　295
第7章　終わりに　299

第1部

ギャップを利用した高勝率の株式トレード法［第2版］

How To Trade High Probability Stock Gaps–Second Edition

第1章 ギャップトレードの簡単な歴史

A brief History Behind Gap Trading

　私たちは本書の第4部となる『ETFでのギャップトレード――決定版』を書いて間もなく、この第1部の『ギャップを利用した高勝率の株式トレード法[第2版]』を書くことになった。下記に第4部の序文を引用しているが、それが適切だと考えたためである。

　あなたがすでに、『ETFでのギャップトレード』を読んでいるのならば（アメリカでは各部がそれぞれ別々に売られている）、ギャップでのトレードと言っても、ETF（上場投信）と株とでは違いがあることを知っているだろう。考え方としては同じだが、詳細に立ち入ってトレードを見ると、目立った違いが2つある。

1. 株では、ギャップの大きさが非常に重要である。ETFのギャップトレードでは、リターンは概してギャップの大きさにそれほど影響を受けていない。しかし、株ではギャップの大きさでリターンに差が出るので、1章を割いて説明する。
2. ギャップを利用する売買で指値を入れる水準は、ETFのときよりもかなり遠くにする必要がある。

　株でのギャップに関する私たちのリサーチは12年間（2001〜2012年）に及び、ETFの場合よりも長い。これは、ETFの銘柄数が急激に増

え始めたのが2006年だったため、その時期から検証を始めたためだ。

　先に進む前に、『ETFでのギャップトレード』の序文を載せておきたい。ギャップリバーサルでのトレードについて、ほかの資産クラスでも過去を振り返っておくほうが適切だと思われるからだ。

　その後、第2章に移る。そこでは、初心者向けにギャップトレードについて説明する。すでにギャップトレードの基本を理解している人は、第3章から読んでもらいたい。そこでは、ギャップトレードを行うための厳密なルールと、過去12年の統計に基づく検証結果について述べる。

『ETFでのギャップトレード──決定版』からの抜粋

　伝説的な研究者であり、プロトレーダーであるラリー・ウィリアムズは、1980年代初期に商品のトレード戦略を発表し、それを「ウップス」と名付けた。彼のリサーチの根底には、特に月曜日に下にギャップを空けて寄り付く商品は反転して上げる傾向がある、という基本的な考えがあった。彼はそこに統計的なエッジ(優位性)があることを発見した。

　彼がリサーチを発表して数年後の1990年に、当時は無名だったトービー・クレイベルという商品トレーダーが、『デイ・トレーディング・ウィズ・ショート・ターム・プライス・パターンズ・アンド・オープニング・レンジ・ブレイクアウト(Day Trading with Short Term Price Patterns and Opening Range Breakout)』という本を出版した。クレイベルはその本で、ギャップを含む多くの異なる価格パターンを調べて、それらのパターンを利用したときの過去のリターンを示していた。本が出版されると、私はそれをむさぼり読んだ。当時の私はまだDLJ証券で働いていて、自分でトレードをするという目標に向かっ

ている最中だった。そのころ、信用できるトレード本はほとんどなく、数値データで裏付けられた戦略を紹介している本となると、さらに少なかった。私のようなトレーダーにとって、クレイベルの本を手にしたのは本当に幸運だった。彼は私たちの多くが目にしていたものを統計で裏付けていた。すなわち、彼はチャート上で見られるパターンがトレードで使えるということを統計で証明してみせたのだ。彼はその後、世界最大級のCTA（商品取引顧問業者）を設立し、自分のリサーチに基づいて、過去20年にわたって変動が少なく一貫したリターンを上げ続けている。

　私は特に1990年代に、幸運にもウィリアムズとクレイベルの２人と何度か会話をする機会に恵まれた。市場に対する私の考えについて、多くの下地を作ってくれた彼らを私は見習いたいと思っている。２人とも大衆とは逆にトレードすることに焦点を合わせることを好み、リスク管理が成功のカギだと考えている。そして、最も重要なことだが、２人とも自分たちのリサーチが統計による検証でしっかりと裏付けられていることに、信じ難いほどのこだわりを持っている。

　この戦略ガイドでは、人気があるひとつの戦略、「ギャップリバーサルでのトレード」を取り上げ、それを株に当てはめて、2001〜2012年にギャップでどのようなパフォーマンスが得られたかを示す。ラリー・ウィリアムズとトービー・クレイベルが商品市場で20年前に発見したように、ギャップリバーサルは株式市場でも有効だということが分かるだろう。ギャップを空けたあとのリバーサル（反転）で利益を狙う戦略はトレーダーが真剣に考慮すべき優れた戦略であり、それを示す統計的に有力な証拠がある。

　私が経営するリサーチ会社では、株でのギャップを12年間にわたって調べた。この期間には2003〜2006年、2007年、2009年、2010年、2012年の強気相場、2001〜2002年、2008年の弱気相場、2011年の横ば

い相場が含まれている。3種類の非常に異なる相場が含まれるので、この戦略がどれほど有効かを検討するのに、これ以上にふさわしい期間はおそらく望めないだろう。私たちは上へのギャップと下へのギャップを調べた。対象にしたのは、流動性がある何百もの銘柄（過去21取引日に、平均で最低100万株の出来高があったすべての銘柄）である。私たちはこれらのギャップによるセットアップがどのようなパフォーマンスを示したかを、多くの異なる手仕舞いを使って示すつもりだ。それらの手仕舞いには、日中で手仕舞いする（デイトレード）、大引けで移動平均線を上回った・下回った場合に大引けでよく使われている指標を上回った・下回ったときに手仕舞いするほかに、買ったその日以降で初めて前日比で終値が高く引けた日に手仕舞いする場合をも含めている。

　過去12年の検証では、株でのギャップトレードに私たちが導入したフィルターを追加すると、一貫して利益を上げることができた。このリサーチを通してそのことを示していきたい。

第2章 ギャップとは何か？

What is a Gap?

　ギャップを簡単に言えば、ある株の当日の始値が前日の高値よりも高いか、前日の安値よりも安い状態である。

　例えば、ある株の昨日の高値が56.04ドルで、昨日の安値が55.28ドルとすれば、今日の株価が56.04ドルを上回って寄り付くか、55.28ドルを下回って寄り付けば、ギャップが生じる。始値に時間外取引は含まれない。それはほとんどの場合、米国東部標準時で午前9時30分に、主要証券取引所が寄り付きで初めて示す当日の価格である（さまざまな状況のために、数分遅れで寄り付く株もときどきある）。肝心なことは、ギャップでは、昨日の高値を上回って寄り付く（上にギャップを空ける）か、昨日の安値を下回って寄り付く（下にギャップを空ける）ということだ。

　寄り付きでギャップを空けた2つのチャート例を見よう。最初は上へのギャップの例だ。

図1.2.1　コマーシャル・メタルズ（CMC）

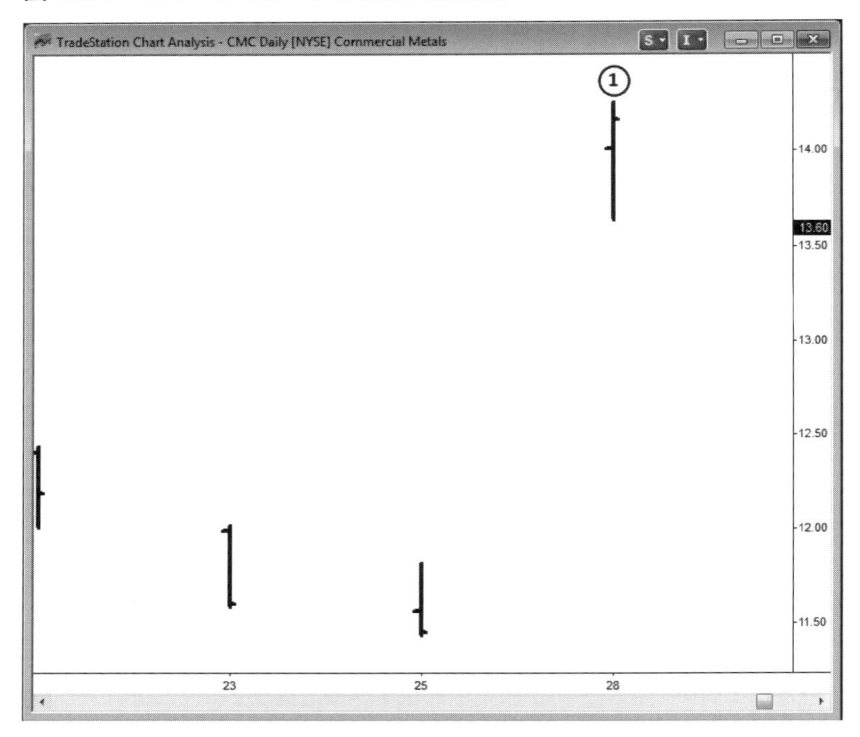

1．この銘柄は前日の高値を上回って寄り付いている。これがギャップの1例だ。

第2章　ギャップとは何か？

次は下へのギャップの例だ。

図1.2.2　モトリシティ（MOTR）

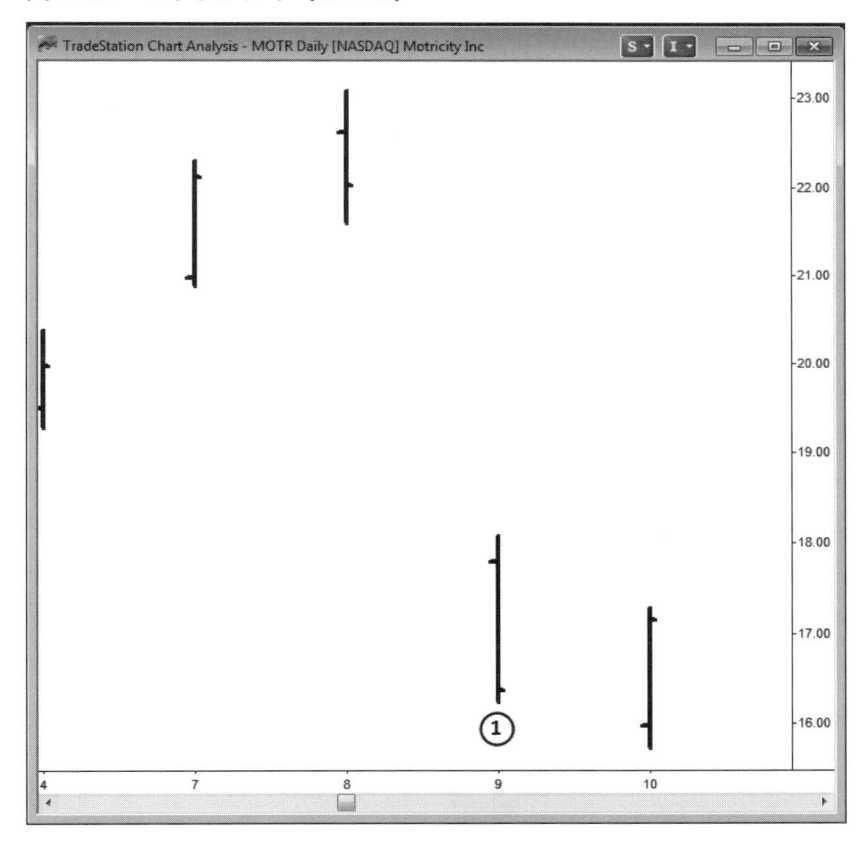

1．この銘柄は前日の安値を下回って寄り付いている。これがギャップのもうひとつの例だ。

この時点で、私たちは上方と下方のギャップの例を２つ見た。ほとんどのトレード本では、そうしたギャップ後のトレードを１つか２つ示すだけで、「信用してほしい、これはうまくいく」と書かれている。たしかに、それが正しいこともときどきあるが、検証してみると、たいていはうまくいっていない。これから私たちは一般的なオシレーターをフィルターに使って、2001～2012年に生じた株でのギャップをすべて調べ、それらのトレードがどういうパフォーマンスを示したかを調べる。10年以上にわたって、これらのセットアップを調べることで、エッジ（優位性）が存在したかどうかや、エッジがどれほど大きかったかを統計的に見ることができる。

　それでは調査結果に移ろう。最初は下にギャップを空けた株のうちで、流動性があるものすべてを見ることにする。

第3章 株式のギャップトレード

Trading Stock Gaps

　下にギャップを空けたらどんな株でも買うという戦略は、数十年前から使われている。ギャップを空けたら買って、どこかで手仕舞うという戦略だ。これは繰り返し、トレーダーたちに使われてきた。

　面白いことに、ギャップリバーサルでのトレードを、フィルターを使わずに買いだけで行っても、2001～2012年に得られたエッジ（優位性）は小さかった。

　だが、単純なフィルターをひとつ加えるだけで、このエッジは相当に大きくなる。買いシグナルでは、その銘柄の2期間RSI（相対力指数）の値が前日の終値で5以下、空売りのシグナルでは95以上という条件を加えるのだ。

　このフィルターを加えると、非常に小さなエッジをかなり大きなエッジに変えられる。それを元にして、さらにトレードの対象を絞り込むことができる。このフィルターですでに売られ過ぎの銘柄だけに絞り込んでおけば、ギャップを下に空けたときにさらに売られ過ぎになった銘柄だけが残る。買われ過ぎのときには、逆の理屈が当てはまる。RSIの値が高ければ、まず買われ過ぎの銘柄を識別できるので、それらの銘柄が上にギャップを空けると、さらに買われ過ぎになる。

株のギャップトレードでは、私たちは買いのルールを次のように設定している。

1. 私たちは2001～2012年に取引されていた銘柄のうちで、1株5ドル以上で、過去21取引日（1カ月）に少なくとも平均100万株の出来高があるものをすべて調べた。こうするのは流動性がある銘柄だけを調べるためだ。
2. 当日の2期間RSIの値が5以下で引ける。これで、その銘柄が売られ過ぎというシグナルになる（この水準を極端な売られ過ぎと見る人もいる）。RSIについてもっと知りたい人は、付録を参照してほしい。
3. 翌日に、下にギャップを空けて寄り付けば（つまり、翌日の始値が今日の安値よりも安ければ）、寄り付きでその銘柄を買う。
4. あとの章ではいくつかの手仕舞いポイントを見ていくつもりだが、ここでの検証では、その銘柄が3期間移動平均線を上回って引けたら、大引けで手仕舞うことにする。

検証結果は次のとおりだ。

トレード数	平均損益	平均保有日数	勝率	手仕舞い法	ギャップの大きさ	始値の何％下に指値を置くか	買いか空売りか
21,885	0.75%	2.15	65.72%	終値>3期間移動平均線	0%	0%	買い

2001年以降で1日の出来高が少なくとも100万株以上あり、下へギャップを空けた（前日の安値よりも下で寄り付いた）2万1885銘柄のうち、65.72％が上昇した。それらを3期間移動平均線よりも上で引けるときに手仕舞ったとすると、1トレード当たりの平均上昇率は

0.75%だった。

空売りでのエッジはそれよりも小さいが、それでもエッジは存在する。

次は空売りのルールだ。

1. まず、1株5ドル以上で、過去21取引日（1カ月）に少なくとも平均100万株の出来高がある銘柄をすべて調べた。こうするのは流動性がある銘柄だけを調べるためだ。
2. 当日の銘柄の2期間RSIの値が95を上回って引ける。これで、その銘柄が買われ過ぎというシグナルになる（この水準を極端な買われ過ぎと見る人もいる）。
3. 翌日に、上にギャップを空けて寄り付けば（つまり、翌日の始値が今日の高値よりも高ければ）、寄り付きでその銘柄を空売りする。
4. あとの章ではいくつかの手仕舞いポイントを見ていくつもりだが、ここでの検証では、その銘柄が3期間移動平均線を下回って引けたら、大引けで手仕舞うことにする。

この検証結果は次のとおりだ。

トレード数	平均損益	平均保有日数	勝率	手仕舞い法	ギャップの大きさ	始値の何%上に指値を置くか	買いか空売りか
25,631	0.47%	2.18	63.83%	終値<3期間移動平均線	0%	0%	空売り

2001〜2012年に、2万5631銘柄が前日の高値よりも高く寄り付いた。それらが3期間移動平均線よりも下で引けるときに手仕舞うと、63.83%が1トレード当たりで平均0.47%下げて引けた。

買いでも空売りでもエッジがあり、フィルターを追加すると、エッジはさらに大きくなると分かって、非常に興味深い。

　それで、これらのエッジを利用して、それをさらに高めるにはどうすればよいだろうか？

　それには、3つのやり方がある。

　第1は、ギャップを空けたときに、日中にさらに下げたところで買うというやり方だ。ギャップを下に空けたら、その銘柄を始値よりも下に指値を入れて買うのだ。

　第2は、ギャップの大きさを測るというやり方だ。ギャップが大きいほど、エッジも高まることが分かるだろう。

　第3は、指値とギャップの大きさを測るやり方を組み合わせる。両方を使うと、プロトレーダーがすぐに利用できる大きなエッジが得られることが、過去データで示される。

　それでは、ギャップを下に空けたあと、指値を入れてその銘柄を買う方法を見ることにしよう。

第4章 指値注文を置くギャップトレード

Trading Gaps with Limit Orders

　下にギャップを空けたあとに指値注文を入れて買うことで、エッジを高める方法について見ることにしよう。最初にルールを見て、次に検証結果と具体例を見ることにする。

　売買ルールは次のとおりだ。

1．まず、１株５ドル以上で、過去21取引日（１カ月）に少なくとも平均100万株の出来高がある銘柄をすべて調べる。こうするのは、流動性のある銘柄だけを調べるためだ。
2．当日の２期間RSIの値が５以下で引ける。これで、その銘柄が売られ過ぎだと分かる。
3．翌日に、下にギャップを空けて寄り付けば、始値のＸ％下に指値を入れて、その銘柄を買う。ここでの例では、寄り付きよりも１％下に指値を入れることにする。例えば、その銘柄が40ドルで寄り付けば、１％下の39.60ドルに当日限りの指値注文を入れて買うことになる。
4．あとの章ではいくつかの手仕舞いポイントを見ていくつもりだが、ここでの検証では、３期間移動平均線を上回って引けたら、大引けで手仕舞うことにする。

これは非常に単純な戦略で、ルールは4つしかない。

検証結果は次のとおりだ。

トレード数	平均損益	平均保有日数	勝率	手仕舞い法	ギャップの大きさ	始値の何％下に指値を置くか	買いか空売りか
15,133	1.15%	2.37	67.32%	終値＞3期間移動平均線	すべて	1%	買い

分かったこと

1．12年で、1万5133回のトレードをした（年平均で約1261回）。
2．これに1％下に指値を入れるというルールを追加すると、1トレード当たり平均利益は0.75％（すべてのギャップでトレードを行った場合）から1.15％に増える。
3．銘柄の保有期間は非常に短く、2.37取引日にすぎない。

私たちはこれ以上に、利益を増やすことができるだろうか？
もちろん。
じゃあ、どうやってか？
指値をもっと遠くに置くことによってだ。

この点について見ることにしよう。
私たちはこれまでとまったく同じルールを使って、指値を入れる水準を、始値から2％下と3％下まで離す。

トレード数	平均損益	平均保有日数	勝率	手仕舞い法	ギャップの大きさ	始値の何％下に指値を置くか	買いか空売りか
15,133	1.15%	2.37	67.32%	終値>3期間移動平均線	0%	1%	買い
10,186	1.60%	2.47	67.55%	終値>3期間移動平均線	0%	2%	買い
6,986	2.17%	2.52	68.79%	終値>3期間移動平均線	0%	3%	買い

1. 結果が本当にランダムであれば、指値を入れる水準は重要ではないだろう。だが、上で見たように利益が増えているので、結果はランダムではない。
2. 1トレード当たり平均利益は、始値から1％下に指値を入れたときには1.15％だったが、2％下の指値では1.60％、3％下の指値では2.17％へと増えた。指値を何％下に入れるかは重要である。
3. 平均保有期間は3日以下である。これは、月曜日に買えば、平均して木曜日の終値で手仕舞うことを意味する。過去データでは、短期間で得られるこのリターンは非常に良かった。バイ・アンド・ホールド戦略で資金を何年も寝かせる必要はない。ギャップリバーサル戦略を取ると、2001～2012年に素早く一貫したリターンが得られた。

これらのセットアップの具体例を2つ見ておこう。

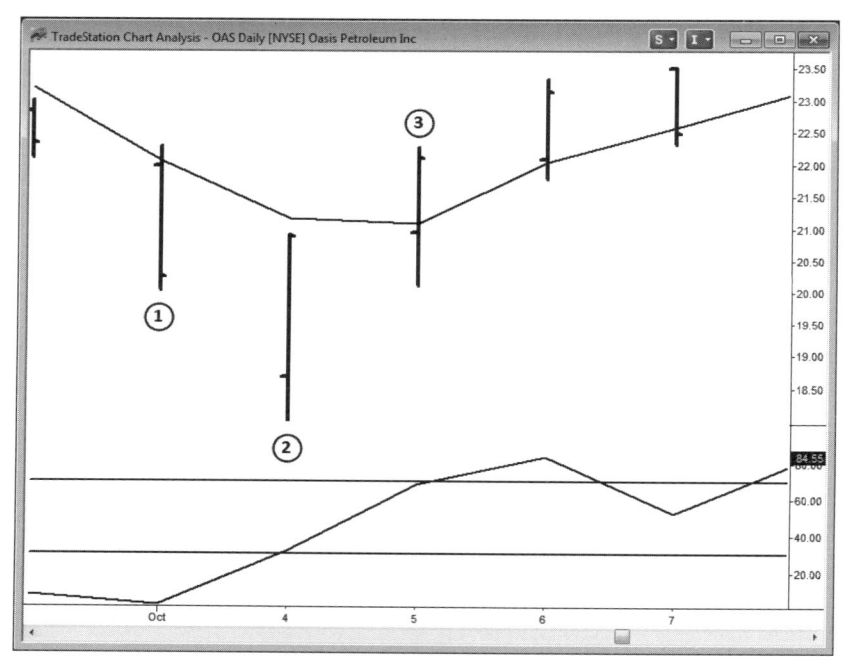

図1.4.1　オアシス・ペトロリアム（OAS）

1. 2期間RSIの値が5を下回って引ける。
2. その翌日は下にギャップを空けて、18.67ドルで寄り付く。始値よりも1％と2％下の指値注文が約定する。
3. 22.10ドルで引ける。そして、3期間移動平均線よりも上で引けたので、手仕舞い注文が約定する。

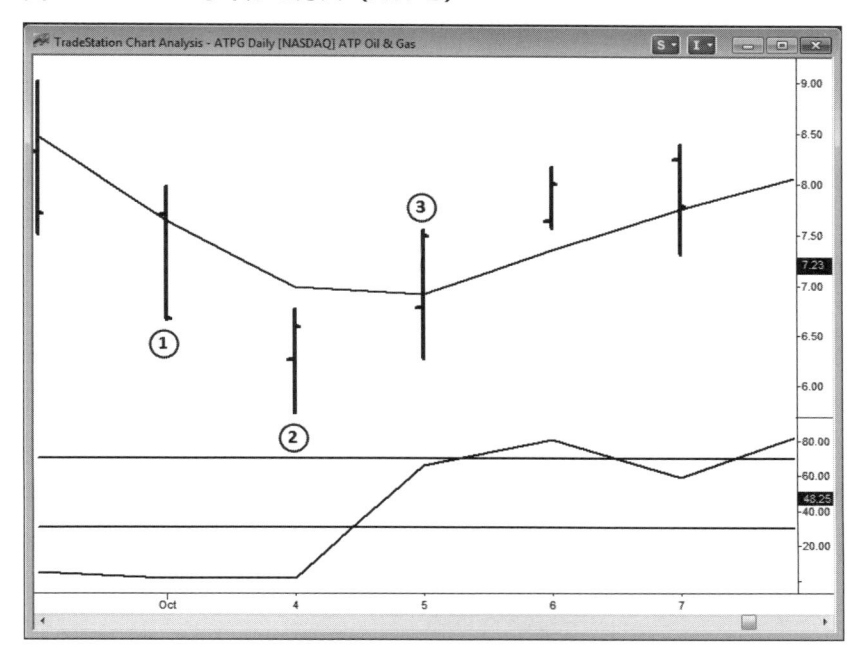

図1.4.2　ATPオイル&ガス（ATPG）

1. 2期間RSIの値は5を下回って引ける。
2. 翌日に、下にギャップを空けたあと、さらに下げて売られ過ぎになったので、指値注文が約定する。
3. 手仕舞いに3期間移動平均線を使っているのならば、ここが利食う日である。2期間RSIの値が70を上回ったときを手仕舞いに使っているのならば、その次の日の大引けで利食うことになる。

次に空売りの検証結果を見よう。

トレード数	平均損益	平均保有日数	勝率	手仕舞い法	ギャップの大きさ	始値の何%上に指値を置くか	買いか空売りか
14,572	0.76%	2.43	65.11%	終値<3期間移動平均線	0%	1%	空売り
8,218	1.14%	2.49	66.14%	終値<3期間移動平均線	0%	2%	空売り
4,956	1.64%	2.49	67.88%	終値<3期間移動平均線	0%	3%	空売り

分かったこと

1. 仕掛けでの指値を置く水準を始値よりも上の遠くに入れるほど、1トレード当たり平均利益は大きくなる。これは買いで見たことと一致している。

次は空売りの例だ。

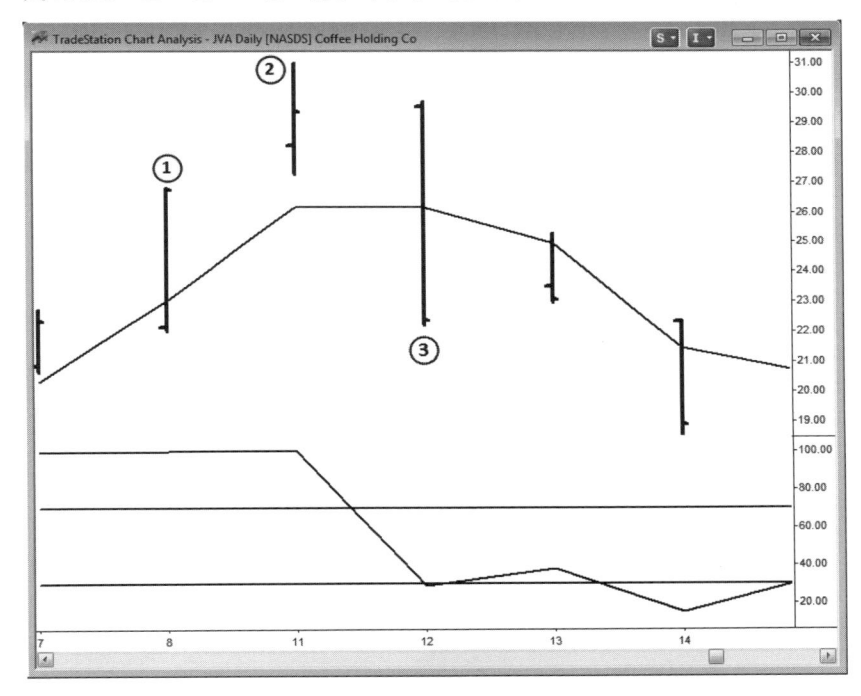

図1.4.3　コーヒー・ホールディング（JVA）

1．2期間RSIの値が95を上回る。
2．翌日に、上にギャップを空けて寄り付き、さらに上昇を続けたので、空売りの指値注文が約定する。
3．その次の日に大幅に下げたので、大引けで利食う。

まとめ

　要約すると、2001～2011年の多くの異なる相場状況（時には極端な相場つき）で、何千もの銘柄で生じたギャップを調べると、株価が反転したときのトレードでは、翌日にギャップを空けて寄り付いたときに、始値よりもさらに離して指値を入れるほど、利益は一貫して大きくなる。これは、買いでも空売りでも当てはまる。この知識を自分のギャップトレードにも利用してほしい。
　では次章に移って、ギャップの大きさの重要性を見ることにしよう。

第5章 ギャップの大きさの重要性

The Importance of Gap Size

　私たちは第4部でETFのギャップを検証するが、そこではギャップの大きさには焦点を合わせていない。流動性が大きなETFはそれほど多くないので、ギャップの大きさのようなフィルターを追加すると、トレード機会が減るからだ。

　だが、株となると話が変わる。検証した12年間に、株価でのギャップは何万回も生じている。そのため、特にギャップが非常に多く生じた日には、ギャップの大きさで絞り込むと、過去データでエッジが最もあった銘柄に焦点を合わせることができた。

　最初に検証結果を見て、ギャップの大きさが果たす役割を見ておこう。私たちはすべてのギャップ、前日の安値から1％以上のギャップ、2％以上のギャップ、3％以上のギャップについて調べた。

　次は、買いでの検証結果をギャップの大きさごとに示したもので、ギャップよりも1％下に指値を入れて、終値が3期間移動平均線を上回るときに手仕舞ったと仮定している。

トレード数	平均損益	平均保有日数	勝率	手仕舞い法	ギャップの大きさ	始値の何%下に指値を置くか	買いか空売りか
15,133	1.15%	2.37	67.32%	終値>3期間移動平均線	すべて	1%	買い
6,709	2.05%	2.39	67.86%	終値>3期間移動平均線	1%	1%	買い
3,586	3.14%	2.39	69.07%	終値>3期間移動平均線	2%	1%	買い
2,186	4.16%	2.43	69.44%	終値>3期間移動平均線	3%	1%	買い

　上の例を実行するために、トレードを望むギャップの最低限の大きさを事前に決めておき、ギャップを空けたときの始値の1％下に指値注文を入れる。

　例えば、ある銘柄の前日の株価が50ドルで、下に3％以上のギャップを空けた銘柄だけをトレードすると決めておく。この場合なら、48.50ドル以下で寄り付いたときにのみ、始値の1％下に指値注文を入れる。手仕舞いは、その銘柄が3期間移動平均線よりも上で引けたときになる。

分かったこと

1．ギャップの大きさで絞り込んだときのエッジは、最初にギャップ全体で見た場合のエッジよりも相当に大きくなる。
2．ギャップが大きいほど、エッジも大きくなる。実際、3％のギャップで買った場合の利益は、どんなギャップでも買った場合の3倍以上になった。売られ過ぎの銘柄が下にギャップを空けると、さらに売られ過ぎになってギャップが大きくなるので、それらのパフォーマンスは相当に良くなる。

次はその1例だ。

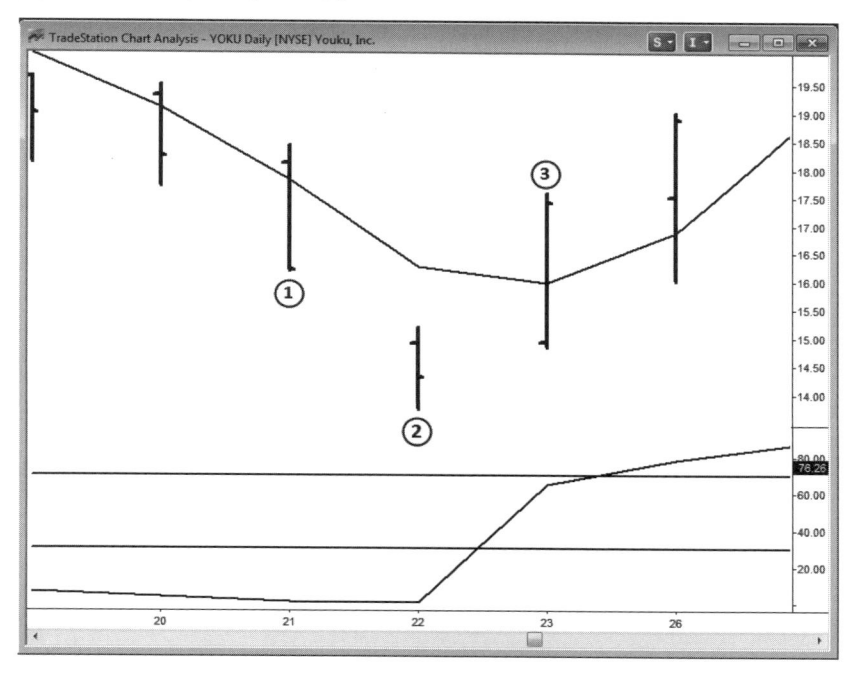

図1.5.1　ヨークー（YOKU）

1．2期間RSIの値は5以下である。
2．翌朝、この銘柄は下に大きくギャップを空けて（この場合、8％）、さらに売り込まれ、買いの指値注文が執行される。
3．反騰したので、利食う。

次に、空売りの結果を見よう。

トレード数	平均損益	平均保有日数	勝率	手仕舞い法	ギャップの大きさ	始値の何％上に指値を置くか	買いか空売りか
14,572	0.76%	2.43	65.11%	終値<3期間移動平均線	0%	1%	空売り
4841	1.39%	2.44	65.75%	終値<3期間移動平均線	1%	1%	空売り
2315	1.86%	2.48	65.62%	終値<3期間移動平均線	2%	1%	空売り
1323	2.42%	2.48	65.76%	終値<3期間移動平均線	3%	1%	空売り

次は、買われ過ぎの状態から、ギャップを空けてかなり高く寄り付いた銘柄を空売りした例である。

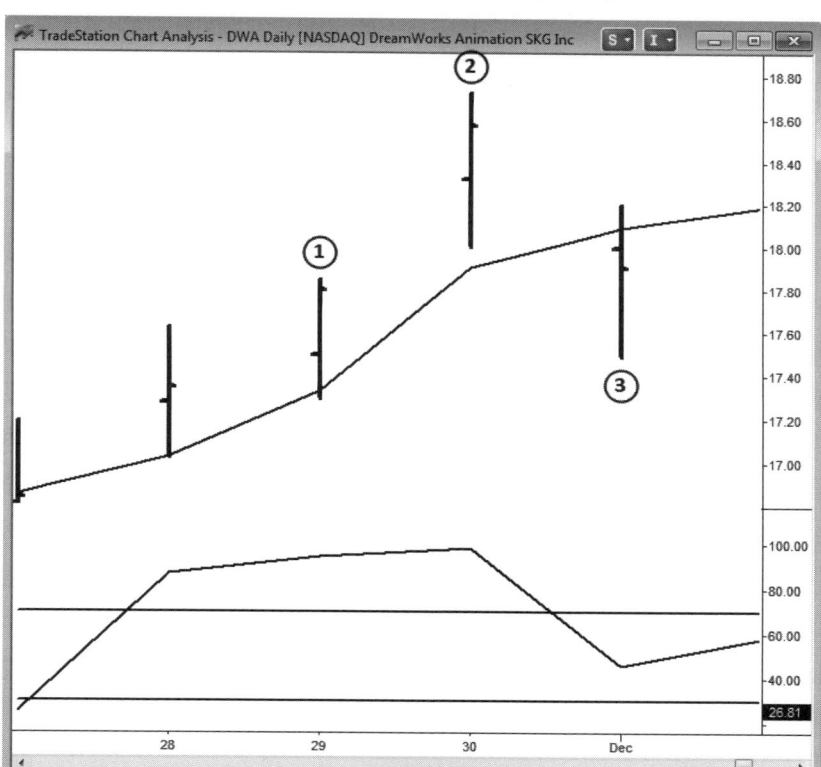

図1.5.2　ドリームワークス・アニメーション（DWA）

1. 2期間RSIの値が95を上回る。
2. 買われ過ぎのこの銘柄は、ギャップを空けて相当に高く寄り付いたあと、上昇を続けたので、さらに買われ過ぎになる。
3. 翌日に反落して、手仕舞いのシグナルが点灯する。

分かったこと

1. 空売りでのエッジはそれほど大きくはないが、トレードを検討するのに十分な大きさである。特に、トレード機会があるかどうかを示す指標やシグナルがほかにあれば、そう言える。
2. 過去の検証結果のすべてにおいて一貫して、ギャップが大きいほどエッジも大きくなる。

第6章 ギャップリバーサルでの手仕舞い

Exiting Gap Reversals

　いつ手仕舞うべきかは、いつ仕掛けるべきか以上にとは言わないまでも、同じくらい重要だと、多くのプロトレーダーが認めている。
　この章では、ギャップを利用する高勝率の株式トレード法で使った、5つの異なる手仕舞い法を見ていく。これらの5つの手仕舞いは次のとおりだ。

●仕掛けと同じ日に手仕舞う。
●終値が初めて上げる日に手仕舞う。
●その銘柄の3期間移動平均線を上回って引けるときに手仕舞う。
●その銘柄の2期間RSIの値が50を超えて引けるときに手仕舞う。
●その銘柄の2期間RSIの値が70を超えて引けるときに手仕舞う。

仕掛けと同じ日に手仕舞う

　仕掛けと同じ日に手仕舞う方法とは、単なるデイトレードのことだ。買って（または、空売りをして）、大引けで手仕舞うという意味だ。この方法の利点は、ポジションを翌日に持ち越すリスクをとる必要がないところだ。その日の大引けにはポジションを解消するので、夜間や週末に何が起きるかを気にしないで済む。不利な点は、ギャップを

空けたあとに反転すると、その動きは続きやすいため、デイトレーダーはしばしば、より大きな利益を得る機会を犠牲にして、早く手仕舞うことになるところだ。この戦略ガイドを通じて分かるように、唯一の正しいトレード法など存在しない。適切なトレード法はいくつもあるのだ。そして、どれが自分のスタイルに最もふさわしいかは、自分でしか決められない。しかし、日中にトレードをして大引けで手仕舞う場合も含めて、株のギャップリバーサルでのトレードにはエッジがあるということは、ここで分かるだろう。

終値が初めて上げる日に手仕舞う

　ある株が前日よりも高値で引けたら手仕舞うという考えに私たちが初めて出合ったのは、伝説的なトレーダーであり、研究者でもあるラリー・ウィリアムズの著作を通じてであった（このことは私たちが書いたほかの本で述べている。この手仕舞い戦略はすべてラリー・ウィリアムズの功績による）。

　この手仕舞いの検証結果は常に喜ばしい驚きをもたらす。極めて単純で洗練されていて、検証結果は非常に良いのに、ほかのトレーダーはめったに使わない。そのため、あまりにも多くのトレーダーが同時に動くせいで、思いどおりの手仕舞いができなくなる、といった事態に陥らないで済むのだ。

　この手仕舞いでは、次のように動く。

　買う前日に、その銘柄が20ドルで引けたと仮定する。

　その翌日（2日目）に、ギャップを空けて下げたら、例えば19.50ドルで買う。その日に20ドルを上回って引けたら、手仕舞うことにする。しかし、19.10ドルで引けたので、手仕舞わなかったと仮定しよう。その場合は、次の日まで持ち越して、その次の日の大引けで19.11ドル以上になっていれば手仕舞う（それが上げて引ける初めての日にな

る)。

　その翌日にその銘柄が上昇して、19.11ドルを上回って引けたら、そこで手仕舞う。そのときの株価は19.12ドルで、損が出たかもしれない。あるいは、21.36ドルだったら、利益が出たかもしれない。しかし、そのことは重要ではない。前日よりも高く引けたら手仕舞って、次のシグナルが点灯するまで待つのだ。

その銘柄の３期間移動平均線を上回って引けるときに手仕舞う（空売りでは、３期間移動平均線を割って引けるとき）

　私たちはこの手仕舞いを好んでいる。これも、単純で素早い手仕舞い戦略だ。その銘柄が３期間移動平均線を上回って引けるまで待つだけでよい。この手仕舞い法は効果的で、株でのギャップリバーサルを含む多くの戦略で、非常に良い検証結果が得られることが多い。

その銘柄の２期間RSIの値が50を超えて引けるときに手仕舞う（空売りでは、50を割って引けるとき）

　2003年に、私たちは http://www.tradingmarkets.com/ のウェブサイトで、２期間RSIを利用したトレード法を紹介した。また、その後の10年間に、それに関するおびただしい調査を発表した。
　２期間RSIについて知らない人は、付録に簡単な説明がある。また、私たちの著書『**コナーズの短期売買入門**』（パンローリング）では、さらに詳しい情報が得られる。
　この手仕舞いでは、その銘柄の２期間RSIの値が50を超えて引けるときまで待つ。先を読めば、この手仕舞いは３日移動平均線を利用する手仕舞いと、大まかに言って同じだと分かるだろう。

その銘柄の２期間RSIの値が70を超えて引けるときに手仕舞う（空売りでは、30を割って引けるとき）

　この手仕舞いは、その銘柄が同じ方向にさらに動く余地を残すために、リスクをもう少しとって、ポジションを長めに持つ気があるトレーダー向きの手法だ。全体的に見ると、これは前に述べた２つの手仕舞いほど良くはないが、ほかのツールも使う裁量トレーダーであれば、それらのツールを使ってポジションを長めに持つことができる。

　ここで述べた５つの手仕舞い法を使い、学んだことすべてを含めて、2001～2012年の１トレード当たり平均利益が高いほうから並べて見ることにしよう。

第6章　ギャップリバーサルでの手仕舞い

まず、買いの検証結果を見よう。

トレード数	平均損益	平均保有日数	勝率	手仕舞い法	ギャップの大きさ	始値の何%下に指値を置くか	買いか空売りか
1,505	6.16%	6.13	67.64%	RSI(2) > 70	3%	3%	買い
1,508	5.90%	3.66	70.03%	RSI(2) > 50	3%	3%	買い
1,812	5.73%	6.03	68.27%	RSI(2) > 70	3%	2%	買い
1,819	5.41%	3.59	70.31%	RSI(2) > 50	3%	2%	買い
2,167	5.23%	5.86	68.48%	RSI(2) > 70	3%	1%	買い
1,513	5.23%	2.54	69.73%	Close > MA(3)	3%	3%	買い
2,251	5.07%	5.99	68.46%	RSI(2) > 70	2%	3%	買い
2,179	4.89%	3.48	70.63%	RSI(2) > 50	3%	1%	買い
2,263	4.80%	3.60	69.82%	RSI(2) > 50	2%	3%	買い
1,825	4.72%	2.49	69.53%	Close > MA(3)	3%	2%	買い
2,811	4.55%	5.91	68.80%	RSI(2) > 70	2%	2%	買い
1,531	4.49%	1.76	67.41%	Up Close	3%	3%	買い
2,832	4.24%	3.53	69.92%	RSI(2) > 50	2%	2%	買い
2,270	4.22%	2.50	69.38%	Close > MA(3)	2%	3%	買い
2,186	4.16%	2.43	69.44%	Close > MA(3)	3%	1%	買い
1,848	4.07%	1.69	67.75%	Up Close	3%	2%	買い
3,528	4.04%	5.76	68.91%	RSI(2) > 70	2%	1%	買い
3,728	3.96%	5.87	69.23%	RSI(2) > 70	1%	3%	買い
3,566	3.72%	3.41	70.47%	RSI(2) > 50	2%	1%	買い
2,844	3.70%	2.46	69.09%	Close > MA(3)	2%	2%	買い
2,299	3.61%	1.73	67.55%	Up Close	2%	3%	買い
3,760	3.58%	3.56	69.52%	RSI(2) > 50	1%	3%	買い
2,214	3.54%	1.67	67.16%	Up Close	3%	1%	買い
4,947	3.38%	5.79	69.17%	RSI(2) > 70	1%	2%	買い
2,885	3.20%	1.65	68.08%	Up Close	2%	2%	買い
3,586	3.14%	2.39	69.07%	Close > MA(3)	2%	1%	買い
3,784	3.09%	2.50	68.39%	Close > MA(3)	1%	3%	買い
5,000	3.01%	3.48	69.24%	RSI(2) > 50	1%	2%	買い
6,561	2.87%	5.62	68.85%	RSI(2) > 70	1%	1%	買い
6,813	2.75%	5.90	68.71%	RSI(2) > 70	0%	3%	買い

Close＝大引け、MA(3)＝3期間移動平均線、Up Close＝終値で初めて上げた日、Day Trade＝デイトレード

トレード数	平均損益	平均保有日数	勝率	手仕舞い法	ギャップの大きさ	始値の何%下に指値を置くか	買いか空売りか
3,640	2.74%	1.60	67.69%	Up Close	2%	1%	買い
3,831	2.67%	1.71	66.88%	Up Close	1%	3%	買い
5,036	2.55%	2.47	68.03%	Close > MA(3)	1%	2%	買い
6,654	2.48%	3.37	69.18%	RSI(2) > 50	1%	1%	買い
6,913	2.43%	3.58	68.97%	RSI(2) > 50	0%	3%	買い
5,105	2.22%	1.66	66.72%	Up Close	1%	2%	買い
6,986	2.17%	2.52	68.79%	Close > MA(3)	0%	3%	買い
9,912	2.11%	5.79	68.32%	RSI(2) > 70	0%	2%	買い
1,628	2.07%	-	61.12%	Day Trade	3%	3%	買い
6,709	2.05%	2.39	67.86%	Close > MA(3)	1%	1%	買い
7,100	1.97%	1.69	67.75%	Up Close	0%	3%	買い
10,071	1.85%	3.48	68.21%	RSI(2) > 50	0%	2%	買い
1,967	1.84%	-	59.68%	Day Trade	3%	2%	買い
6,812	1.78%	1.59	66.38%	Up Close	1%	1%	買い
2,493	1.74%	-	61.05%	Day Trade	2%	3%	買い
14,649	1.63%	5.59	68.17%	RSI(2) > 70	0%	1%	買い
10,186	1.60%	2.47	67.55%	Close > MA(3)	0%	2%	買い
2,371	1.60%	-	59.17%	Day Trade	3%	1%	買い
3,131	1.51%	-	59.60%	Day Trade	2%	2%	買い
10,374	1.47%	1.65	66.63%	Up Close	0%	2%	買い
14,935	1.36%	3.34	68.00%	RSI(2) > 50	0%	1%	買い
3,960	1.29%	-	58.91%	Day Trade	2%	1%	買い
4,230	1.22%	-	58.44%	Day Trade	1%	3%	買い
15,133	1.15%	2.37	67.32%	Close > MA(3)	0%	1%	買い
15,467	1.05%	1.55	65.55%	Up Close	0%	1%	買い
5,659	1.03%	-	57.32%	Day Trade	1%	2%	買い
7,947	0.86%	-	57.25%	Day Trade	0%	3%	買い
7,595	0.85%	-	56.66%	Day Trade	1%	1%	買い
11,742	0.64%	-	55.60%	Day Trade	0%	2%	買い
17,873	0.43%	-	53.59%	Day Trade	0%	1%	買い

Close＝大引け、MA(3)＝3期間移動平均線、Up Close＝終値で初めて上げた日、Day Trade＝デイトレード

分かったこと

1. 驚きではないが、ギャップが最大で、指値を最も遠くに置き、ポジションを最も長く取り続けたときに、エッジは最も高まる。
2. これは重要だ。2001～2012年に、すべての仕掛けと手仕舞いの組み合わせでエッジが得られた。

それでは、空売りの検証結果を見よう。

トレード数	平均損益	平均保有日数	勝率	手仕舞い法	ギャップの大きさ	始値の何%下に指値を置くか	買いか空売りか
750	3.31%	6.68	66.00%	RSI(2) < 30	3%	3%	空売り
756	3.21%	2.50	68.12%	Close < MA(3)	3%	3%	空売り
754	3.09%	3.90	67.64%	RSI(2) < 50	3%	3%	空売り
1,229	2.81%	6.50	65.91%	RSI(2) < 30	2%	3%	空売り
759	2.77%	1.50	66.67%	Down Close	3%	3%	空売り
999	2.73%	6.71	65.97%	RSI(2) < 30	3%	2%	空売り
1,006	2.70%	2.51	66.80%	Close < MA(3)	3%	2%	空売り
1,238	2.63%	3.77	67.04%	RSI(2) < 50	2%	3%	空売り
1,242	2.62%	2.52	66.91%	Close < MA(3)	2%	3%	空売り
1,003	2.59%	3.89	67.00%	RSI(2) < 50	3%	2%	空売り
2,252	2.51%	6.24	68.16%	RSI(2) < 30	1%	3%	空売り
1,323	2.42%	2.48	65.76%	Close < MA(3)	3%	1%	空売り
1,312	2.38%	6.66	63.49%	RSI(2) < 30	3%	1%	空売り
2,266	2.33%	3.63	69.06%	RSI(2) < 50	1%	3%	空売り
1,009	2.32%	1.54	64.72%	Down Close	3%	2%	空売り
1,317	2.28%	3.85	64.62%	RSI(2) < 50	3%	1%	空売り
1,250	2.26%	1.55	66.08%	Down Close	2%	3%	空売り
2,272	2.23%	2.48	68.27%	Close < MA(3)	1%	3%	空売り
1,668	2.21%	6.53	64.93%	RSI(2) < 30	2%	2%	空売り
1,685	2.13%	2.52	65.64%	Close < MA(3)	2%	2%	空売り
1,677	2.10%	3.77	65.83%	RSI(2) < 50	2%	2%	空売り
1,328	2.06%	1.54	64.46%	Down Close	3%	1%	空売り
4,901	2.02%	6.10	68.82%	RSI(2) < 30	0%	3%	空売り
2,290	2.00%	6.40	63.80%	RSI(2) < 30	2%	1%	空売り
2,284	1.92%	1.58	67.25%	Down Close	1%	3%	空売り
2,303	1.89%	3.70	65.13%	RSI(2) < 50	2%	1%	空売り
3,225	1.88%	6.24	66.51%	RSI(2) < 30	1%	2%	空売り
2,315	1.86%	2.48	65.62%	Close < MA(3)	2%	1%	空売り
1,696	1.85%	1.56	64.45%	Down Close	2%	2%	空売り
3,249	1.77%	3.65	67.01%	RSI(2) < 50	1%	2%	空売り

Close＝大引け、MA(3)＝３期間移動平均線、Down Close＝終値で初めて下げた日、Day Trade＝デイトレード

第6章 ギャップリバーサルでの手仕舞い

トレード数	平均損益	平均保有日数	勝率	手仕舞い法	ギャップの大きさ	始値の何%下に指値を置くか	買いか空売りか
4,933	1.75%	3.63	68.27%	RSI(2) < 50	0%	3%	空売り
3,265	1.69%	2.49	66.19%	Close < MA(3)	1%	2%	空売り
4,956	1.64%	2.49	67.88%	Close < MA(3)	0%	3%	空売り
2,332	1.60%	1.55	64.41%	Down Close	2%	1%	空売り
4,769	1.55%	6.15	64.56%	RSI(2) < 30	1%	1%	空売り
3,285	1.47%	1.60	64.47%	Down Close	1%	2%	空売り
4,812	1.46%	3.58	65.71%	RSI(2) < 50	1%	1%	空売り
4,994	1.42%	1.62	67.06%	Down Close	0%	3%	空売り
8,081	1.39%	6.06	67.18%	RSI(2) < 30	0%	2%	空売り
4,841	1.39%	2.44	65.75%	Close < MA(3)	1%	1%	空売り
8,147	1.20%	3.62	66.80%	RSI(2) < 50	0%	2%	空売り
4,883	1.20%	1.56	64.55%	Down Close	1%	1%	空売り
8,218	1.14%	2.49	66.14%	Close < MA(3)	0%	2%	空売り
8,300	0.97%	1.64	64.52%	Down Close	0%	2%	空売り
14,176	0.92%	5.95	64.83%	RSI(2) < 30	0%	1%	空売り
14,380	0.79%	3.55	64.84%	RSI(2) < 50	0%	1%	空売り
14,572	0.76%	2.43	65.11%	Close < MA(3)	0%	1%	空売り
14,830	0.64%	1.59	63.32%	Down Close	0%	1%	空売り
780	0.64%	-	56.03%	Day Trade	3%	3%	空売り
1,373	0.62%	-	54.70%	Day Trade	3%	1%	空売り
2,391	0.58%	-	57.93%	Day Trade	1%	3%	空売り
1,295	0.58%	-	56.06%	Day Trade	2%	3%	空売り
1,039	0.57%	-	55.92%	Day Trade	3%	2%	空売り
2,443	0.49%	-	54.48%	Day Trade	2%	1%	空売り
1,765	0.47%	-	55.41%	Day Trade	2%	2%	空売り
3,488	0.43%	-	56.11%	Day Trade	1%	2%	空売り
5,368	0.39%	-	56.26%	Day Trade	0%	3%	空売り
5,252	0.38%	-	54.17%	Day Trade	1%	1%	空売り
9,126	0.24%	-	53.89%	Day Trade	0%	2%	空売り
16,919	0.15%	-	52.00%	Day Trade	0%	1%	空売り

Close＝大引け、MA(3)＝3期間移動平均線、Down Close＝終値で初めて下げた日、Day Trade＝デイトレード

分かったこと

1. 空売りでのエッジは、買いの場合ほど大きくない。恐れは欲望よりも強い感情であるという格言は、データでも裏付けられる。
2. また、12年の検証期間において、すべての組み合わせでエッジが得られた。

第7章 株式のギャップを利用したオプションのトレード

Trading Options with Stock Gaps

　コナーズ・リサーチのトレード戦略シリーズでは、オプションの解説はどれもほぼ同じである。この戦略のセットアップではしばしば短期間の大きな動きを利用するからだ。私たちの考え方や、オプションのプロトレーダーの友人たち（1人は30年以上の経験者）に確かめたことでは、こうした動きでトレードを行う良い方法がひとつある。

　オプションのトレードは、過去5年間にマーケットで大きく成長した分野である。これは売買スプレッドが小さくなり、流動性が高まり、複雑なオプションをかつてないほど簡単にトレードできるようになったためである。

　では、これまで説明してきた相場の短期的な動きで、オプションをトレードする方法を見ていこう。ここでの戦略すべてに言えるが、シグナルが点灯したときにオプションのトレードを行うには、明確なルールがある。

　データに基づいて言えることは、次のとおりだ。

1．仕掛けから手仕舞いまでの保有期間の大半は非常に短かった（2〜6取引日）。
2．1トレード当たり平均利益は大きく、短期の標準的な値動きを大幅に超えていた。

3．それらの値動きのかなりの割合で利益が出た。

　私たちがこの種の値動きを見るとき、多くの戦略が考えられるが、ひとつの戦略が目立って良い（これは、プロトレーダーたちも認めている）。この戦略では、期近のイン・ザ・マネーのコールを買う（空売りのシグナルが点灯すれば、プットを買う）。

　なぜ、期近のイン・ザ・マネーのコールを買うのか？　それらが対応する株自体に最も近い値動きをするからだ。そして、オプションが対応する株に近い動きをするほど、その動きが思惑どおりであれば、利益率が高くなるからだ。

　売買ルールは次のとおりだ。

1．シグナルが点灯する。
2．期近のイン・ザ・マネーのコールを買う。通常、ある銘柄を500株買っているのなら、コールを5枚買う（100株はコール1枚に等しい）。
3．その株で手仕舞いシグナルが点灯すれば、オプションを手仕舞う。

　先を進めよう。

1．イン・ザ・マネーとは具体的に何を意味するのか？
　ここでの場合、権利行使価格がイン・ザ・マネーとなる1つか2つ目のオプションという意味だ。その銘柄が今、48ドルであれば、40ドルか45ドルのコールを買うということになる。

2．どうして期近なのか？
　保有期間が非常に短いので、満期日が最も近いオプションでトレードを行うほうが良いからだ。ただし、期近のオプション満期日から7

取引日以内（つまり、第2木曜日の前かその近く）であれば、翌限月でトレードを行う。

3．ポジションを取っていて満期日を迎えたが、その株の売買シグナルがまだ有効であるときは、どうするか？

その場合は、次の限月に乗り換える。その銘柄のシグナルに合わせてトレードを行っているのなら、シグナルが有効であるかぎり、ポジションを取り続けたほうがよい。

4．流動性とスプレッドについてはどうだろう？

ここでは慎重さが要求される。オプションで流動性が正確に何を意味するかについて、明確なルールはない。例えば、トレード対象の株の流動性を、SPY（S&P500株価指数オプション）と比べてみよう。ブルーチップ（優良株）と比べると、SPYは極めて流動性が高い。優良株もSPYも流動性があると考えられるが、優良株のオプションにはSPYほどの流動性はない。

オプションが活発に取引されているのなら、売買スプレッドを見よう。オプションの気配値が買い3.00ドル、売り3.30ドルであれば、スプレッドは10％である。本当に10％のスプレッドを克服して、利益を出せるだろうか？　それはありそうにない。では、気配値が買い3.25ドル、売り3.30ドルのオプションならどうだろう。これならずっと満足できて、取引可能だ。

5．株ではなく、コールオプションを買う利点は何だろう？

流動性があり、スプレッドも小さければ、利点は大きい。
　1．投資資金に対する利益が大きくなる可能性がある。
　2．縛られる資金が少なくて済む。
　3．リスクにさらされる資金の比率が小さい。ある株の買いシグ

ナルが50ドルで点灯すれば、最高で50ドルを失う可能性がある。しかし、オプションであれば、代金として支払うプレミアム以上は失わない。だから、45ドルのコールを買えば、リスクはプレミアムだけだ。

4．柔軟性が大きい。例えば、ある株が50ドルで買いシグナルを発して、45ドルのコール代として5.50ドルを払ったとしよう。その株がすぐに上昇すれば（56ドルとしよう）、そこで選択肢が生まれる。あなたは手仕舞ってもよいし、資金のほとんどを回収したうえで、50ドルのコールに乗り換えてもよい。価格がそのまま上昇し続けると思っているのなら、これはほとんどリスクなしのトレードになる。

このような例は無数にある。そして、この種の戦略を用いる機会に関しては、オプションに関するほとんどの本に載っている。しかし、特殊なオプション売買や、単にコールかプットを買う以外のトレードは、私たちが質問した多くの専門家のアドバイスに反する。

結論として、オプションは株そのものを買う代替の良い選択肢になる。私たちの戦略でのトレード法では、期近のイン・ザ・マネーを使い、株での通常のトレードと等しいサイズ（100株につき1枚のオプション）で仕掛けて、株で手仕舞いのシグナルが点灯したときに手仕舞う。

多くの専門家の意見によると、このオプション戦略は、それらのシグナルで過去のデータを見たときに、最も優れていて最も効率的な戦略である。

第8章 追記、および現実のトレードでギャップリバーサルを利用する方法

Additional Notes and Applying Gap Reversals to Real-World trading

　ここで説明を追加して、読者のトレードに役立つようにしておこう。

1. 検証結果では、検証した12年で条件を満たした株の全銘柄のギャップを見ている。だが、実際には、すべての銘柄をトレードできる人はだれもいない。したがって、ここで紹介した戦略でトレードをするときには、この点を覚えておく必要がある。
2. ポジションサイズは重要である。分散をして、ひとつのポジションがポートフォリオのごく一部しか占めないようにしよう。資金管理では、事前にトレード計画を書き出しておき、けっして「すべてをつぎ込む」ようなことをしない慎重さが求められる。私たちはそうした戦略を取ることを強く勧める。
3. 手数料は重要である。そのため、可能なかぎり手数料が最も安いところでトレードを行うことだ。特に、活発にトレードをするのなら、いろいろと比較をしよう。証券会社は今や個性を失い、どこも大差がなくなっている。確かめるべきことは、トレードを執行するうえで信頼ができて、自分にとって取引手数料が最も安いかどうかだ。
4. だれもが知っているように、過去の結果が良かったからといって、将来のリターンも良いかどうかは分からない。どの戦略を取ろうと、将来どういうパフォーマンスが得られるかを知る方法はない。

このガイドブックで検証した期間には、2001～2002年の弱気相場、2004～2007年の強気相場、2008年の極めてボラティリティが高い弱気相場、その後の2009～2010年の強気相場、2011年の横ばい相場、そして最後に2012年の新たな強気相場が含まれている。株式市場では経済的、政治的なイベントがこの期間に数多く起きた。ここで統計データに基づいて学んだことは、適切なフィルターで絞り込む私たちのギャップトレード戦略では、RSIを使って株が売られ過ぎになるまで待ち、ギャップの大きさを測って指値で買い、厳密で一貫したルールで手仕舞うと、2001～2012年のパフォーマンスが極めて良かったということだ。

あなたがこのリサーチと戦略から何かを得てくれたことを望む。

付録 —— RSIの計算法

2期間RSI

　2期間RSIとは、過去2日だけの値動きで計算する相対力指数のことである。

　RSIは1970年代に、J・ウエルズ・ワイルダー・ジュニアが開発した、モメンタム系でよく使われているオシレーターである。RSIは、市場の最近の上昇幅を下落幅と比較する。

　そして、単純な公式で、この値動きを1から100までの値に変換する。RSIが1に近いと、売られ過ぎとみなし、100に近いと、買われ過ぎとみなす。

　RSI＝100－〔100÷（1＋RS）〕
　RS＝X日間で上昇した日の値幅の平均÷X日間で下落した日の値幅の平均

　RSIは通常、14期間に設定されている。しかし、短期のETFトレードでは、期間を短く設定したほうが、はるかに有効なことが分かっている。

　このリンク先（http://stockcharts.com/school/doku.php?id=chart_school:technical_indicators:relative_strength_index_rsi）に、RSIの良い例と説明がある。

　ADXについては、http://trd.mk/1C にもっと詳しい説明がある。また、ADXの計算法については、http://trd.mk/1D か、http://trd.mk/1E で見ることができる。

第2部

押し目買い戦略

The Long Pullback Strategy

第1章　押し目買いについて

A Look at Pullback Trading

　押し目買いは、トレーダーの間で最も人気があるトレード手法のひとつである。この手法の良い点は、適切に行えば非常に大きな利益が得られるところだ。あまり良くない点は、まったくエッジ（優位性）のない押し目買い戦略が過去20年に発表されて広まっていることだ。

　この戦略ガイドでは、私たちが2005年に初めて発表して、その後も2012年までのデータに基づく検証で、良い結果を出し続けている戦略について述べていくつもりだ。この戦略はかつて、5×5×5ポートフォリオメソッドと呼ばれていた。これは、5日移動平均線よりも5％下で引けた株を、その終値よりも5％下に指値を入れて買い、5期間移動平均線を上回った日に手仕舞うというものだ。そのとき以降（そして、本書で）、私たちはこの戦略をさらに拡大して、仕掛けと手仕舞いのシグナルに使う移動平均線をさらに追加した。また、押しの水準や日中の押しの水準もさらに追加した。私たちはさまざまな手仕舞いポイントを調べて、もっと柔軟にトレードができるようにした。

　全体として、これは公表されている株の押し目買い戦略のうちで、データの裏付けがある最も堅牢なもののひとつであり、おそらく読者にとって頼りがいのある戦略になるだろう。

　この戦略について述べる前に、押しとはそもそも何なのかを見ておこう。

押しとは何か？

　押しとは、株価が上昇したあと、利食いやその他の数多くの理由のために下落する状態である。トレーダーによっては、日中の短期の時間枠やもっと長期の時間枠で見た押しで買う人もいる。しかし、大多数の人は日足を使って、株価が深く押しすぎて反騰しそうだと思う銘柄を買う。

　押しを特定する方法は、単にチャート上での目測から、フィボナッチ数列のような指標を使う方法まで、数限りなくある。それらの手法でうまく利益を出せているトレーダーもいるが、私たちはもっと厳密な手法を使いたい。ルールは厳密なものにしたいし、2001～2011年（私たちの検証期間）のデータに基づく検証で、しっかりとした裏付けを得たい。また、検証した多くの条件の組み合わせすべてでとはいかなくても、大半でしっかりとした結果が出てほしい。そうすれば、トレーダーは毎日の自分のトレード計画に最も合うように、戦略を調整できるからだ。

　短期の押し目買いでは、ポジションを少なくとも２～３日維持すれば、最も良い結果が得られる。株価は急激に力強く反発することがよくある。そのときの上昇幅がどこまで大きくなるかを事前に知る方法はない。したがって、逆行の余地を残してしっかり利益を得られるように、事前に適切な手仕舞いルールを決めておくことが最も良いトレード法である。

　では、押し目買い戦略のルールに移ろう。

第2章 押し目買いのルール

Long Pullbacks : The Rules

押し目買い戦略のルールは単純で明確だ。

1. トレード対象の銘柄は1株当たり5ドル以上で、200日単純移動平均線を上回っていること。これによって、長期的な上昇トレンドであることが示される。
2. 過去21日（1カ月）での1日の平均出来高が少なくとも25万株あること。これで、流動性がある銘柄であることが保証される。
3. 100日HV（ヒストリカルボラティリティ）の値が30を超える（ヒストリカルボラティリティの定義については付録を参照のこと）。
4. 10日ADX（アベレージ・ディレクショナル・インデックス）の値が30を超える（ADXの定義については付録を参照のこと）。
5. その銘柄が2日以上、続けて下げて引けていること。
6. 今日、その銘柄はY期間移動平均線（Y＝4、5、6）よりも少なくともX％（X＝4％、5％、6％）下で引けること。この点については、具体例を見れば明らかになるだろう。
7. 上のルールが満たされていれば、翌日に今日の終値よりもさらにZ％（Z＝4〜10％）下に指値を入れて買う。
8. 3期間単純移動平均線を上回って引ける日に、終値で手仕舞う。また、検証では、買った日と終値が初めて上げた日での手仕舞い

や、2期間RSI（相対力指数）を使った手仕舞いの結果も示した（ここでの目標は、できるだけ多くの選択肢を提供することである）。

では、6〜8のルールについて、もっと詳しく見ておこう。

ルール6は押しを特定するためのものだ。その銘柄の短期移動平均線を大幅に下回って引けると、短期トレードにふさわしい押しだと分かる。

ルール7で、すべての条件がまとまる。ほとんどの押し目買いでは、たいしたエッジ（優位性）は得られないかもしれない。だが、このルールによって押しはさらに深くなる。また、押しが日中に生じているために、しばしば恐れが広まる。マネーマネジャーたちは売ると決めたら特に神経質になり、「とにかく手仕舞ってくれ」と、よく主任トレーダーに指図する。こうした狼狽売りがトレード機会を生むのだ（ここで、行動ファイナンスの正しさがデータで裏付けられる）。

ルール8によって、適切な手仕舞いが確実にできる。私たちがこの点について繰り返し触れるのは、これが不満の種になっているからだ。いつ買うべきかについては、だれもが話したがる。だが、いつ手仕舞うべきかについて話す人はほとんどいないし、データに基づいて、体系的で規則的な手仕舞いルールについて話す人はさらに少ない。ルール8によって、過去10年間のデータに裏付けられた、手仕舞いの正確な条件が分かる。

では、ひとつの例を見よう。

1. 流動性があり、株価が200日移動平均線を上回り、100日HVとADXの値が30を超えていて、2日続けて下げて引けた銘柄が、例えば前日の終値で20ドルだとする。
2. 今日、その銘柄が18ドルで引ける。それはY期間移動平均線を少

なくともＸ％下回っている（ルール１～５を満たす）。
3．今日の終値よりもＺ％下で買うために、翌日に指値注文（当日限りの注文）を入れる。
4．注文が約定すれば、２期間RSIの値が70を超えて引けるときに大引けでその銘柄を手仕舞う。

　手法はこのように単純だ。
　ではチャートで数例を見たあと、検証結果を見ていこう。これらの例ではいずれも、各銘柄の200日移動平均線を超えていて、HVとADXの値は30を超えていた。

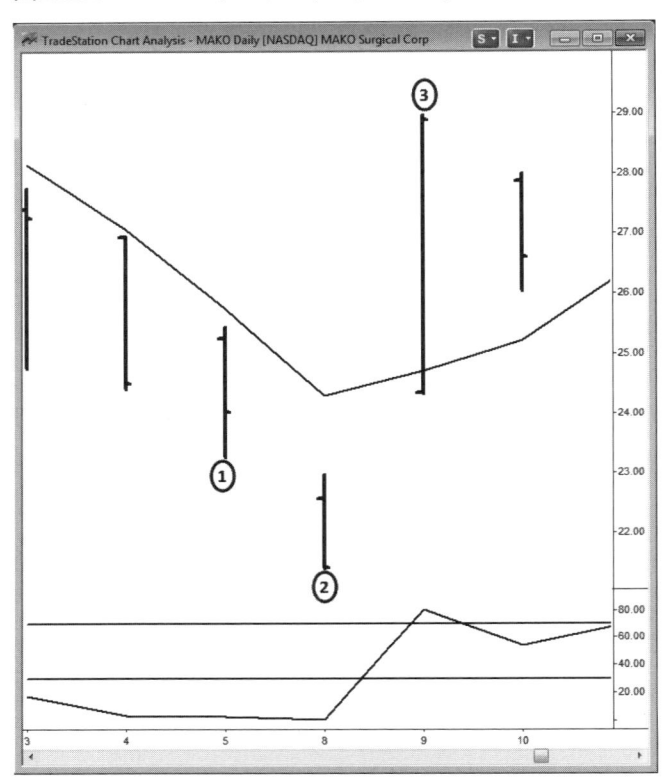

図2.2.1　MAKOサージカル（MAKO）

4期間移動平均線（X）を使い、その移動平均線を少なくとも5％下で引けた（Y）ときに、前日の終値よりも少なくとも7％下（Z）に指値注文を入れて買う場合の例を見よう。

1．2日連続で下げて、4期間移動平均線よりも5％以上、下で引ける。翌日に、今日の終値の7％下に指値を入れて買いを目指す。
2．前日の終値から7％以上、下げて、押し目買いのシグナルが点灯。
3．急騰して、2期間RSIの値が70を超えて引ける。大引けで利食う。

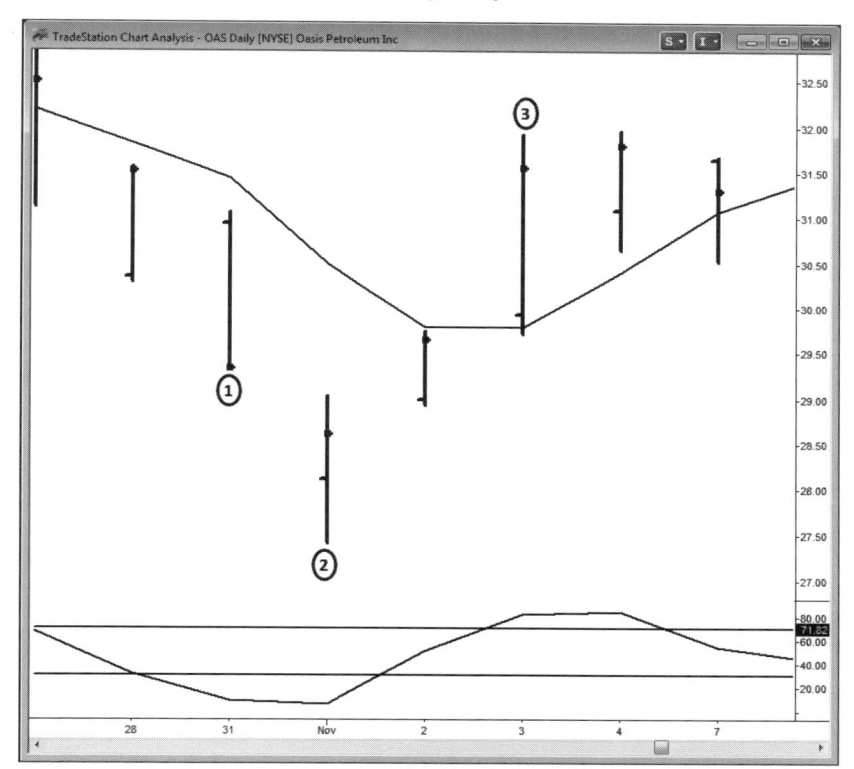

図2.2.2　オアシス・ペトロリアム（OAS）

1. 2日連続で下げて、4期間移動平均線を大きく下回って引け、セットアップが整う。
2. この例では、指値注文を前日の終値の5％下に入れる。見て分かるように、指値注文の約定後も下げ続けたあと、反発する。
3. 2期間RSIが70を上回って引けたので、終値で利食う。

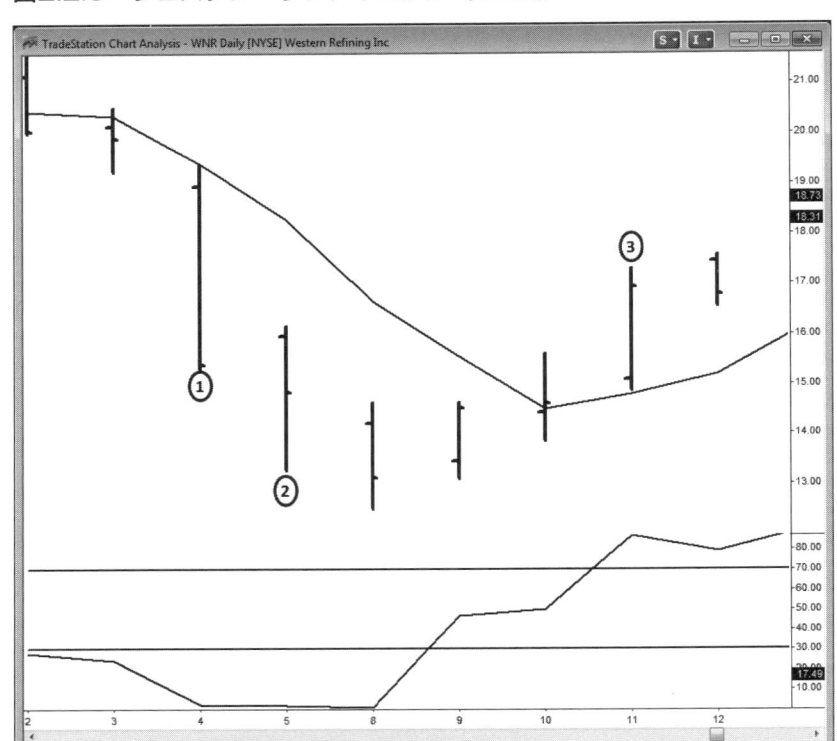

図2.2.3 ウェスタン・リファイニング（WNR）

この例では、終値が5期間移動平均線を少なくとも5％下回ったときに、その終値よりも8％下に指値を入れて買いを目指す。

1. 2日連続で下げ、5期間移動平均線を最低5％下回って引ける。
2. 日中に8％下げて、指値注文が約定する。
3. 4日後に2期間RSIが70を超えて引けたので、手仕舞いのシグナルが大引けで点灯する。

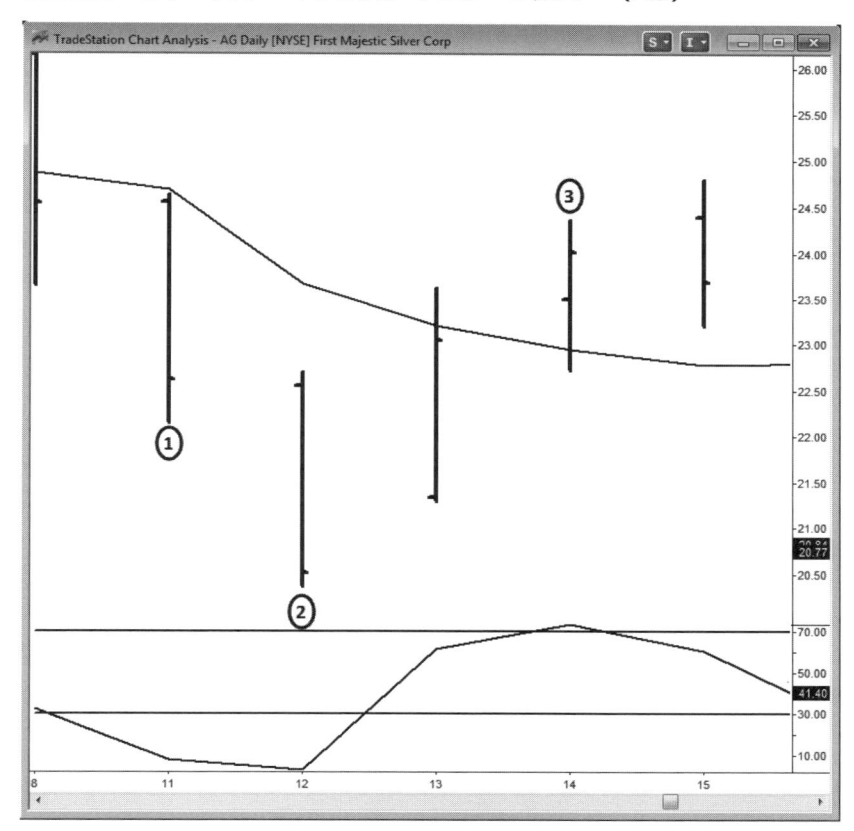

図2.2.4　ファースト・マジェスティック・シルバー（AG）

　今回も、終値が5期間移動平均線を少なくとも5％下回ったときに、その終値よりも8％下に指値を入れて買うことにする。

1．2日連続で下げ、5期間移動平均線を最低5％下回って引ける。
2．日中に8％下げて、指値注文が約定する。
3．2日後に2期間RSIが70を超えて引けたので、手仕舞いのシグナルが大引けで点灯する。

第3章　検証結果

Test Results

　1週間以内という短期で、エッジが大きい（1トレード当たり平均利益という意味）とはどの程度のことを指すのかとトレーダーに問われたときの回答としては、経験則では1トレード当たり0.5～2％の平均利益が得られる手法のことを指している。これは総トレードで計算した数字だ。つまり、「（勝ちトレード数×平均利益）－（負けトレード数×平均損失）」を、総トレード数で割った数字である。例えば、システムの総トレード数が100で、60％の勝ちトレードで平均2％の利益を得て、40％の負けトレードで平均1％の損失を出していれば、利益は120％マイナス40％を100で割った値になる。この例では、1トレード当たり平均利益は0.80％ということだ。

　買いでの短期的なエッジは、恐れから生まれることが多い。この恐れは市場参加者が示す感情であり、相場や個々の銘柄に対する恐れという形を取る。恐れが最も高まるときに、最大のエッジが得られる。だれでも怖くなると、たいていは資金を守るために持ち株を売る。よく知られている闘争・逃走反応を思い出してもらいたい。狼狽売りが起きるときには、トレーダーや投資家は逃走態勢に入っている。そして、そのときに短期的に株価にゆがみが生じて、トレード機会が生じるのだ。

　相場に恐れが生まれる要素はいくつかある。最も一般的な要素は2

つあり、1つは株価の急落か市場に対する打撃だ。もう1つは時間だ。私たちは統計データに基づく検証で、この点を繰り返し見てきた。急落が長く続くほど、恐れが大きくなり、存在するエッジはより大きくなる。

3つ目の要素は日中の恐れだ。これはトレードで最も強力だが、最も書かれることの少ない側面だ。ある銘柄か、市場全般が数日下げたあと、日中に大きく売り込まれるとする。そうした日中の急落は、まったくの狼狽から生じることが多い。あわてふためくとき、トレーダーは株価がいくらであっても売るので、願ってもないトレード機会が生まれる。私たちの押し目買い戦略を見て、極端な日中の押しで買いを目指すときに、この点が分かるだろう。過去のリターン（エッジ）は、短期トレードでこの戦略が最も大きい部類に属する。

では、押し目買い戦略の種類ごとに、トップ20のリターンを見ていこう。これらは2001年から2011年末（これが書かれる前の最後の年末）までの、11年間のリターンである。利益はかなり大きかった。特に、日中の押しが最大——9％と10％の押し——のときにそれが当てはまる。

トレード数	平均損益	平均保有日数	勝率	手仕舞い法	移動平均の期間	終値が移動平均の何%下か	終値の何%下に指値を置くか
808	6.75%	6.24	75.62%	RSI2>70	6	6%	10%
751	6.55%	6.35	74.17%	RSI2>70	5	6%	10%
948	6.41%	6.26	74.89%	RSI2>70	5	5%	10%
632	6.35%	6.48	73.42%	RSI2>70	4	6%	10%
1,071	6.27%	6.18	75.54%	RSI2>70	6	6%	9%
1,016	6.20%	6.22	75.00%	RSI2>70	6	5%	10%
829	6.19%	6.34	74.19%	RSI2>70	4	6%	9%
982	6.14%	6.30	74.34%	RSI2>70	5	6%	9%
638	6.12%	3.66	77.27%	RSI2>50	4	6%	10%
757	6.06%	3.67	76.62%	RSI2>50	5	6%	10%
816	6.03%	3.64	77.08%	RSI2>50	6	6%	10%
1,261	6.00%	6.20	75.42%	RSI2>70	5	5%	9%
839	5.99%	3.53	77.12%	RSI2>50	4	6%	9%
865	5.91%	6.43	72.95%	RSI2>70	4	5%	10%
955	5.88%	3.59	77.17%	RSI2>50	5	5%	10%
1,215	5.87%	6.22	74.73%	RSI2>70	5	4%	10%
1,245	5.85%	6.18	75.10%	RSI2>70	6	4%	10%
1,350	5.84%	6.13	75.41%	RSI2>70	6	5%	9%
994	5.79%	3.54	76.86%	RSI2>50	5	6%	9%
1,086	5.73%	3.49	77.81%	RSI2>50	6	6%	9%

　１列目は、その期間にシグナルが点灯したトレード数を示す。検証では少なくとも１回は、指値よりも１セント以上下げた銘柄を、買い注文が約定したと仮定した（株価はシミュレーションで使った指値を１回は下回っていること）。

　２列目は、１トレード当たり平均損益を示す。すでに述べたように、0.5～２％であれば一般に素晴らしいと考えられている。だが、押し目買い戦略では、トップ20のすべての手法で、１トレード当たり5.73％を上回るリターンがある！

　３列目は、取引日で見た各トレード手法の平均保有期間である。

　４列目は、利益が出たトレード数の比率である。ほとんどのトレーダーは55～60％の勝率に達したいと思っている。ここのトップ20は、大半が75％以上の勝率に達している。

　５列目は、各戦略で用いる手仕舞い法である。各手仕舞いについては、第４章で説明する。

6列目は、使った移動平均線である。私たちは4、5、6日の単純移動平均線を使って、この検証を行った。見て分かるように、どれも妥当である。
　7列目は、その銘柄が移動平均線の何％下で引けたかを表す。私たちは、移動平均線よりも4％、5％、6％下の終値を使った。これらも、すべてが妥当である。
　8列目は、指値注文を終値から何％下に入れたかを表す。それで、ある銘柄が前夜にセットアップの条件を満たしていれば、翌朝に指値注文を入れる。私たちは終値よりも4％、5％、6％、7％、8％、9％、10％下の指値で検証した。

　当然ながら、下に離して置いた指値が約定するほど、恐れが広がっていて、エッジも高まる。ボラティリティが小さいときには特に言えるのだが、指値注文は終値から遠くに入れるほど約定しにくくなる。しかし、ボラティリティが大きくて、恐れが最も大きくなっているときには、注文は約定しやすい。自分のトレードでどの手法を使うかを決めるときには、現在の相場つきに合わせて、押しの深さを調整したほうがよい。ボラティリティが小さい相場では、6％、7％、8％下に指値を入れたほうがよいかもしれない。ボラティリティが大きな相場では、9％と10％が最も適切かもしれない。ただし、ここでの検証は相場つきで区別をしていない点に注意してほしい。その年がどんな相場だったかに関係なく、それぞれのルールが使われたと仮定している。検証では、11年のすべてのトレードをシミュレーションした。そして、お分かりのように、そこでのエッジは極めて大きかった。
　では、勝率が最も高い順に手法を見よう。

勝率に基づくトップ20の戦略

トレード数	平均損益	平均保有日数	勝率	手仕舞い法	移動平均の期間	終値が移動平均の何％下か	終値の何％下に指値を置くか
820	5.55%	2.49	78.29%	C>MA3	6	6%	10%
1,092	5.24%	2.41	78.11%	C>MA3	6	6%	9%
959	5.40%	2.47	78.10%	C>MA3	5	5%	10%
1,276	5.56%	3.46	77.98%	RSI2>50	5	5%	9%
1,282	5.06%	2.41	77.85%	C>MA3	5	5%	9%
1,086	5.73%	3.49	77.81%	RSI2>50	6	6%	9%
1,679	4.95%	3.39	77.67%	RSI2>50	5	5%	8%
1,430	5.16%	3.41	77.55%	RSI2>50	6	6%	8%
1,284	4.55%	1.66	77.49%	Up Close	5	5%	9%
960	4.84%	1.71	77.40%	Up Close	5	5%	10%
839	4.82%	1.66	77.35%	Up Close	4	6%	9%
823	4.97%	1.70	77.28%	Up Close	6	6%	10%
1,096	4.67%	1.65	77.28%	Up Close	6	6%	9%
638	6.12%	3.66	77.27%	RSI2>50	4	6%	10%
638	5.48%	2.50	77.27%	C>MA3	4	6%	10%
759	5.48%	2.51	77.21%	C>MA3	5	6%	10%
1,924	4.79%	3.35	77.18%	RSI2>50	6	6%	7%
955	5.88%	3.59	77.17%	RSI2>50	5	5%	10%
839	5.99%	3.53	77.12%	RSI2>50	4	6%	9%
638	4.92%	1.73	77.12%	Up Close	4	6%	10%

C＝終値、MA3＝3期間移動平均線、Up Close＝終値で初めて上げた日

　この表では、勝率で見た場合の、最もパフォーマンスが良い20の手法を見ている。勝ちトレード数の比率は極めて高く、20位の勝率でも77.12％で、1位は78.29％である。ここでも、当日の指値注文を入れる水準が共通するテーマになる。指値注文を下に離すほど、パフォーマンスは良い。

第4章　手仕舞いの役割

The Role of Exits

　手仕舞い法を変えると、検証結果も変わるだろう。トレーダーはまず、エッジの大きさを見て、それが最も大きい手仕舞い法を使う。しかし、見るべき要素がもうひとつある。それは、あなたが資金をどれほどの期間、動かさないでおけるかだ。RSIの値が70を超えたときに手仕舞う手法は、エッジが最も高くなることが多いが、資金の縛られる日数は最も長い。3日移動平均線を超えたときの手仕舞いと、特に終値が初めて上げた日の手仕舞いは、平均ではエッジは劣るが、より早く手仕舞えるので、翌日に持ち越すリスクは少なくなる。押し目買い戦略は非常に強力であり、どんなトレーダーでも自分のトレードスタイルに合わせて、使いたい仕掛けと手仕舞いの手法を決めることができる。

　それでは、手仕舞い法それぞれについて、トップ20の検証結果を見ていこう。

　まず、終値が初めて上げた日に手仕舞う手法を見よう。

トレード数	平均損益	平均保有日数	勝率	手仕舞い法	移動平均の期間	終値が移動平均の何%下か	終値の何%下に指値を置くか
823	4.97%	1.70	77.28%	Up Close	6	6%	10%
638	4.92%	1.73	77.12%	Up Close	4	6%	10%
960	4.84%	1.71	77.40%	Up Close	5	5%	10%
759	4.84%	1.73	76.81%	Up Close	5	6%	10%
839	4.82%	1.66	77.35%	Up Close	4	6%	9%
1,096	4.67%	1.65	77.28%	Up Close	6	6%	9%
997	4.63%	1.67	76.63%	Up Close	5	6%	9%
1,038	4.62%	1.72	76.88%	Up Close	6	5%	10%
875	4.58%	1.73	75.89%	Up Close	4	5%	10%
1,284	4.55%	1.66	77.49%	Up Close	5	5%	9%
1,236	4.50%	1.72	76.94%	Up Close	5	4%	10%
1,140	4.42%	1.72	75.88%	Up Close	4	4%	10%
1,141	4.40%	1.68	75.99%	Up Close	4	5%	9%
1,275	4.38%	1.72	76.39%	Up Close	6	4%	10%
1,085	4.35%	1.62	76.31%	Up Close	4	6%	8%
1,384	4.31%	1.67	76.81%	Up Close	6	5%	9%
1,447	4.24%	1.60	76.64%	Up Close	6	6%	8%
1,508	4.21%	1.67	76.26%	Up Close	4	4%	9%
1,301	4.18%	1.62	76.02%	Up Close	5	6%	8%
1,640	4.16%	1.68	76.89%	Up Close	5	4%	9%

Up Close＝終値で初めて上げた日

　すぐに目に付くことが2つある。1つは、1トレード当たり平均利益が今まで見てきたものよりも小さいということだ。しかし、トレード期間は極端に短い。すべての場合で、平均して2日を下回っている。ポジションをあまり長く持ちたくないトレーダーにとって、この手仕舞いは役に立つ。

終値が３期間移動平均線を超えた日の手仕舞い

トレード数	平均損益	平均保有日数	勝率	手仕舞い法	移動平均の期間	終値が移動平均の何％下か	終値の何％下に指値を置くか
820	5.55%	2.49	78.29%	C>MA3	6	6%	10%
638	5.48%	2.50	77.27%	C>MA3	4	6%	10%
759	5.48%	2.51	77.21%	C>MA3	5	6%	10%
959	5.40%	2.47	78.10%	C>MA3	5	5%	10%
839	5.33%	2.40	76.76%	C>MA3	4	6%	9%
1,092	5.24%	2.41	78.11%	C>MA3	6	6%	9%
997	5.22%	2.43	76.93%	C>MA3	5	6%	9%
1,034	5.19%	2.52	77.08%	C>MA3	6	5%	10%
875	5.17%	2.51	76.11%	C>MA3	4	5%	10%
1,282	5.06%	2.41	77.85%	C>MA3	5	5%	9%
1,233	4.96%	2.51	77.05%	C>MA3	5	4%	10%
1,141	4.93%	2.44	75.72%	C>MA3	4	5%	9%
1,269	4.90%	2.51	76.83%	C>MA3	6	4%	10%
1,378	4.87%	2.45	77.00%	C>MA3	6	5%	9%
1,137	4.84%	2.54	75.81%	C>MA3	4	4%	10%
1,084	4.75%	2.38	75.92%	C>MA3	4	6%	8%
1,440	4.72%	2.38	76.88%	C>MA3	6	6%	8%
1,297	4.61%	2.40	75.87%	C>MA3	5	6%	8%
1,504	4.59%	2.47	75.93%	C>MA3	4	4%	9%
1,635	4.59%	2.46	76.64%	C>MA3	5	4%	9%

Ｃ＝終値、MA3＝３期間移動平均線

　私たちはこの手仕舞い法を好んでいる。特に、勝率が上位の手法では、ポジションの素早い手仕舞い（平均３日以下）と、１トレード当たり平均利益とのバランスが良い。

RSIが50を超えたときの手仕舞い

この手法では、その銘柄の2期間RSIの値が50を超えて引けるときに手仕舞う。

トレード数	平均損益	平均保有日数	勝率	手仕舞い法	移動平均の期間	終値が移動平均の何%下か	終値の何%下に指値を置くか
638	6.12%	3.66	77.27%	RSI2>50	4	6%	10%
757	6.06%	3.67	76.62%	RSI2>50	5	6%	10%
816	6.03%	3.64	77.08%	RSI2>50	6	6%	10%
839	5.99%	3.53	77.12%	RSI2>50	4	6%	9%
955	5.88%	3.59	77.17%	RSI2>50	5	5%	10%
994	5.79%	3.54	76.86%	RSI2>50	5	6%	9%
1,086	5.73%	3.49	77.81%	RSI2>50	6	6%	9%
874	5.65%	3.67	75.29%	RSI2>50	4	5%	10%
1,276	5.56%	3.46	77.98%	RSI2>50	5	5%	9%
1,028	5.56%	3.60	76.36%	RSI2>50	6	5%	10%
1,139	5.45%	3.54	76.03%	RSI2>50	4	5%	9%
1,229	5.32%	3.59	76.48%	RSI2>50	5	4%	10%
1,134	5.31%	3.62	75.13%	RSI2>50	4	4%	10%
1,261	5.31%	3.59	76.53%	RSI2>50	6	4%	10%
1,083	5.30%	3.46	76.73%	RSI2>50	4	6%	8%
1,370	5.27%	3.49	77.01%	RSI2>50	6	5%	9%
1,430	5.16%	3.41	77.55%	RSI2>50	6	6%	8%
1,292	5.11%	3.47	76.47%	RSI2>50	5	6%	8%
1,500	5.10%	3.49	76.13%	RSI2>50	4	4%	9%
1,433	5.01%	3.38	76.76%	RSI2>50	4	6%	7%

この手仕舞い法では1トレード当たり平均利益が大きくなるが、保有期間は少し長くなる。

RSIが70を超えたときの手仕舞い

この手法では、その銘柄の２期間RSIの値が70を超えて引けるときに手仕舞う。

トレード数	平均損益	平均保有日数	勝率	手仕舞い法	移動平均の期間	終値が移動平均の何%下か	終値の何%下に指値を置くか
808	6.75%	6.24	75.62%	RSI2>70	6	6%	10%
751	6.55%	6.35	74.17%	RSI2>70	5	6%	10%
948	6.41%	6.26	74.89%	RSI2>70	5	5%	10%
632	6.35%	6.48	73.42%	RSI2>70	4	6%	10%
1,071	6.27%	6.18	75.54%	RSI2>70	6	6%	9%
1,016	6.20%	6.22	75.00%	RSI2>70	6	5%	10%
829	6.19%	6.34	74.19%	RSI2>70	4	6%	9%
982	6.14%	6.30	74.34%	RSI2>70	5	6%	9%
1,261	6.00%	6.20	75.42%	RSI2>70	5	5%	9%
865	5.91%	6.43	72.95%	RSI2>70	4	5%	10%
1,215	5.87%	6.22	74.73%	RSI2>70	5	4%	10%
1,245	5.85%	6.18	75.10%	RSI2>70	6	4%	10%
1,350	5.84%	6.13	75.41%	RSI2>70	6	5%	9%
1,124	5.66%	6.32	73.49%	RSI2>70	4	5%	9%
1,122	5.62%	6.36	72.91%	RSI2>70	4	4%	10%
1,402	5.60%	6.10	75.32%	RSI2>70	6	6%	8%
1,605	5.51%	6.14	74.70%	RSI2>70	5	4%	9%
1,656	5.49%	6.07	74.94%	RSI2>70	6	4%	9%
1,479	5.40%	6.26	73.63%	RSI2>70	4	4%	9%
1,065	5.36%	6.32	73.15%	RSI2>70	4	6%	8%

ここで、エッジは最大になる。さらに２～３日長くポジションを持ち続けることになるが、過去データでは押し目買いでのエッジが最大なので、十分に報われている。特に、９％と10％下に指値注文を入れるときにそう言える。

第5章 デイトレードで行う押し目買い

Day Trading with Long Pullbacks

　押し目買い戦略はデイトレードで使うことを意図していなかった。それは3日から7日のトレードを行うために作った戦略だった。だが、デイトレーダーが使える日中でのエッジもある。

　ほとんどのデイトレーダーは日中に小さなエッジを探している。高頻度トレードを行う人々はミル（100分の数セント）単位の利益を、証券会社のディーラーたちは数セント単位の利益を狙っている。ミルやセント単位の利益でも、トレードを繰り返せば1日で十分な利益になることもある。

　押し目買いを日中に行うときのエッジは、ポジションを翌日に持ち越すときほど大きくはない。しかし、それはほとんどのデイトレーダーが通常持っているエッジよりもはるかに高い。

　それでは、仕掛けた日の大引けでポジションを手仕舞う場合の、トップ20の手法を見よう。

トレード数	平均損益	平均保有日数	勝率	手仕舞い法	移動平均の期間	終値が移動平均の何%下か	終値の何%下に指値を置くか
977	1.87%	0	63.05%	Day Trade	4	5%	10%
1,069	1.84%	0	64.27%	Day Trade	5	5%	10%
850	1.84%	0	64.12%	Day Trade	5	6%	10%
947	1.82%	0	61.99%	Day Trade	4	6%	9%
916	1.82%	0	63.97%	Day Trade	6	6%	10%
1,257	1.81%	0	64.68%	Day Trade	4	4%	10%
1,292	1.81%	0	62.38%	Day Trade	4	5%	9%
1,132	1.78%	0	62.72%	Day Trade	5	6%	9%
1,450	1.74%	0	63.38%	Day Trade	5	5%	9%
710	1.73%	0	62.68%	Day Trade	4	6%	10%
1,363	1.73%	0	64.20%	Day Trade	5	4%	10%
1,405	1.73%	0	65.12%	Day Trade	6	4%	10%
1,155	1.73%	0	64.33%	Day Trade	6	5%	10%
1,689	1.71%	0	63.65%	Day Trade	4	4%	9%
1,675	1.70%	0	61.19%	Day Trade	4	6%	7%
1,251	1.70%	0	61.95%	Day Trade	4	6%	8%
1,242	1.70%	0	62.80%	Day Trade	6	6%	9%
1,503	1.64%	0	62.01%	Day Trade	5	6%	8%
1,699	1.61%	0	61.92%	Day Trade	4	5%	8%
1,843	1.61%	0	63.05%	Day Trade	5	4%	9%

Day Trade＝デイトレード

　ほとんどのデイトレーダーは、１トレード当たり0.25～0.50％の平均利益を得られれば非常に満足する。だが、押し目買い戦略で上位の手法はこれをはるかに上回る。ここでのエッジは、１トレード当たり1.61％から1.87％までの利益に及ぶ。

　私たちの押し目買い戦略でのトレードでは多くの方法があり、デイトレードもそこに加えられる。

第6章 押し目買いを利用したオプションのトレード

Trading Options with Long Pullbacks

　コナーズ・リサーチのトレード戦略シリーズでは、オプションの解説はどれもほぼ同じである。この戦略のセットアップではしばしば短期間の大きな動きを利用するからだ。私たちの考えや、オプションのプロトレーダーの友人たち（1人は30年以上の経験者）に確かめたことでは、こうした動きでトレードを行う最も良い方法がひとつある。

　オプションのトレードは、過去5年の間にマーケットで大きく成長した分野である。これは売買スプレッドが小さくなり、流動性が高まり、複雑なオプションをかつてないほど簡単にトレードができるようになったためである。

　では、これまで説明してきた相場の短期的な動きで、オプションをトレードする方法に焦点を合わせよう。このガイドブックで述べる戦略すべてに言えるが、シグナルが点灯したときにオプションのトレードを行うには、明確なルールがある。

　データに基づいて言えることは、次のとおりだ。

1. 仕掛けから手仕舞いまでの期間の大半は非常に短かった（2～6取引日）。
2. 1トレード当たり平均利益は大きく、短期の標準的な値動きを大幅に超えていた。

3．それらの値動きのかなりの割合で、利益が出た。

　私たちがこの種の値動きを見るとき、多くの戦略が考えられるが、ひとつの戦略が目立っている（これは、プロトレーダーたちも認めている）。この戦略では、期近物のイン・ザ・マネーのコールを買う（空売りのシグナルが点灯すれば、プットを買う）。

　なぜ、期近物のイン・ザ・マネーのコールを買うのか？　それらが、原資産の株自体に最も近い値動きをするからだ。そして、オプションが原資産の株に近い動きをするほど、その動きが思惑どおりであれば、利益率が高くなるからだ。

　売買ルールは次のとおりだ。

1．シグナルが点灯する。
2．期近のイン・ザ・マネーのコールを買う。通常、ある銘柄を500株買っているのなら、コールを5枚買う（100株はコール1枚に等しい）。
3．原資産の株かETFで手仕舞いシグナルが点灯すれば、オプションを手仕舞う。

　先を進めよう。

1．イン・ザ・マネーとは具体的に何を意味するのか？
　ここでの場合、権利行使価格がイン・ザ・マネーとなる1つか2つ目のオプションという意味だ。その銘柄が今、48ドルであれば、40ドルか45ドルのコールを買うということになる。

2．どうして期近なのか？

保有期間が非常に短いので、満期日が最も近いオプションでトレードを行うほうが良いからだ。ただし、期近のオプション満期日から7取引日以内（つまり、第2木曜日の前かその近く）であれば、翌限月でトレードを行う。

3．ポジションを取っていて満期日を迎えたが、その株かETFの売買シグナルがまだ有効であるときは、どうするか？

その場合は、次の限月に乗り換える。その銘柄のシグナルに合わせてトレードを行っているのなら、シグナルが有効であるかぎり、ポジションを取り続けたほうがよい。

4．流動性とスプレッドについてはどうだろう？

ここでは慎重さが要求される。オプションで流動性が正確に何を意味するかについて、明確なルールはない。例えば、トレード対象の株の流動性を、SPY（S&P500株価指数オプション）と比べてみよう。ブルーチップ（優良株）と比べると、SPYは極めて流動性が高い。優良株もSPYも流動性があると考えられるが、優良株のオプションにはSPYほどの流動性はない。

オプションが活発に取引されているのなら、売買スプレッドを見よう。オプションの気配値が買い3.00ドル、売り3.30ドルであれば、スプレッドは10％である。本当に10％のスプレッドを克服して、利益を出せるだろうか？　それはありそうにない。では、気配値が買い3.25ドル、売り3.30ドルのオプションならどうだろう。これならずっと満足できて、取引可能だ。

5．株ではなく、コールオプションを買う利点は何だろう？

流動性があり、スプレッドも小さければ、利点は大きい。

　1．投資資金に対する利益が大きくなる可能性がある。

2．縛られる資金が少なくて済む。
3．リスクにさらされる資金の比率が小さい。ある株の買いシグナルが50ドルで点灯すれば、最高で50ドルを失う可能性がある。しかし、オプションであれば、代金として支払うプレミアム以上は失わない。だから、45ドルのコールを買えば、リスクはプレミアムだけだ。
4．柔軟性が大きい。例えば、ある株が50ドルで買いシグナルを発して、45ドルのコール代として5.50ドルを払ったとしよう。その株がすぐに上昇すれば（56ドルとしよう）、そこで選択肢が生まれる。あなたは手仕舞ってもよいし、資金のほとんどを回収したうえで、50ドルのコールに乗り換えてもよい。価格がそのまま上昇し続けると思っているのなら、これはほとんどリスクなしのトレードになる。

　このような例は無数にある。そして、この種の戦略を用いる機会に関しては、オプションに関するほとんどの本に載っている。しかし、特殊なオプション売買や、単にコールかプットを買う以外のトレードは、私たちが質問した多くの専門家のアドバイスに反する。

　結論として、オプションは株やETFそのものを買う代替の良い選択肢になる。私たちの戦略でのトレード法では、期近のイン・ザ・マネーを使い、株やETFでの通常のトレードと等しいサイズ（100株につき１枚のオプション）で仕掛けて、株やETFで手仕舞いのシグナルが点灯したときに手仕舞う。

　多くの専門家の意見によると、このオプション戦略は、それらのシグナルで過去のデータを見たときに、最も優れていて最も効率的な戦略である。

第7章 終わりに

Additional Thoughts

1. ここで紹介した戦略のエッジは高い。これは私たちが今までに発表してきた戦略で、最も高い部類に入る。私たちがこの戦略を作ったのは5年以上前だが、これを初めて発表して以降も、新しいデータで有効性が実証され続けている。

2. 使える変化形は文字どおり何千もある。移動平均の期間から始まって、終値が移動平均の何％下か、始値の何％下に指値を置くか、そして、使える手仕舞いの種類に至るまで、さまざまな変化形がある。すべての結果と、そこで使われている手法を見ておいたほうがよい。

　　デイトレーダーは6％のエッジがある手法を使いたいだろうが、6日もポジションを持ち続けるのは不安なので、それはできないかもしれない。我慢強くて、頻繁にトレードを繰り返したがらないトレーダーは、始値のすぐ下に指値を入れることは好まないだろう。彼らは日中に深押しするまで待つだろう。注文の多くは何日も、時には何週間も約定しなくても、約定したときにはエッジが大きいことが過去データから分かっているからだ。最もうまくいくのは、自分のトレードスタイルに最も合う仕掛けと手仕舞いの手法を選んだときだ。

3. 損切りのストップについては、どうすればよいだろうか？　私たちは、**『コナーズの短期売買入門』**（パンローリング）を含めた出版物で、ストップ注文についてのリサーチを発表してきた。

　私たちが発見したことは、損切りのストップを置くとパフォーマンスが落ちやすく、多くの場合、エッジがまったく消えるということだった。たしかに、買った銘柄が下げ続けたときに、ストップ注文で損切りできれば気分が良い。一方で、多くの短期トレード戦略について最大20年の検証をした結果では、ストップ注文を置くと頻繁に損切りさせられて、非常に多くの損失が積み上がっていくことが示されている。ほとんどのトレード戦略は、こうした損失の蓄積を克服できない。

　多くのトレーダーは損切りのストップを必ず置かなければならない。そうすることで、彼らは特に難しいトレードでも心理的に受け入れることができるからだ。ストップ注文を使うかどうかは、自分で決めるべきことだ。だが、概して言えば、ストップ注文を置くと、ここで紹介した戦略やほかの多くの短期戦略で得られるエッジは低くなる。繰り返すが、ストップ注文を置くかどうかは、あなた自身が決めるべきことだ。私たちはどちらの側にも、成功したトレーダーがいることを知っている。

4. 検証では、スリッページと手数料は考慮に入れていない。それらを考慮に入れて（仕掛けでは指値を使っているので、スリッページは問題にならない）、取引費用が最低になるようにしよう。現在では、ほとんどの証券会社が1株当たり1セント以下で取引できる。だから、特にあなたが活発にトレードをするのなら、自分にふさわしい会社を選ぼう。オンライン証券会社はあなたと取引をしたがっている。

5．この押し目買い戦略で見てきたように、株価が急落したあと、日中でさらに急落したときにトレードをすると大きなエッジが得られる。これらのトレードでは、しばしば恐れと不安がつきまとう。そして、そのときにエッジが高まるのだ。これらのトレードができるところを探そう。すでに分かったように、それらは長年にわたって利益をもたらしてきたからだ。

6．あなたが寄り付き前に毎朝、押し目買い戦略のセットアップのリストを受け取りたければ、http://www.tradingmarkets.com/longpullbacksで申し込むことができる。会員になる前に、無料でお試しの購読も可能だ。

　このコナーズ・リサーチ社のトレード戦略シリーズを楽しんでいただけたら幸いである。この戦略について質問があれば、longpullbacktrading@connorsresearch.com に、遠慮なくメールを送っていただきたい。

付録──RSI、ヒストリカルボラティリティ、ADXの計算法

２期間RSI

　２期間RSIとは、過去２日だけの値動きで計算する相対力指数のことである。

　RSIは1970年代に、Ｊ・ウエルズ・ワイルダー・ジュニアが開発した、モメンタム系でよく使われているオシレーターである。RSIは、市場の最近の上昇幅を下落幅と比較する。

　そして、単純な公式で、この値動きを１から100までの値に変換する。RSIが１に近いと、売られ過ぎとみなし、100に近いと、買われ過ぎとみなす。

　RSI＝100－［100÷（１＋RS）］
　RS＝Ｘ日間で上昇した日の値幅の平均÷Ｘ日間で下落した日の値幅の平均

　RSIは通常、14期間に設定されている。しかし、短期のETFトレードでは、期間を短く設定したほうが、はるかに有効なことが分かっている。

　このリンク先（http://stockcharts.com/school/doku.php?id=chart_school:technical_indicators:relative_strength_index_rsi）に、RSIの良い例と説明がある。

ヒストリカルボラティリティ

ヒストリカルボラティリティとは、一定間隔で測った価格変化の対数分布の標準偏差である、と定義できる。通常は市場の決済価格（通常は終値と等しい）が最も信頼できると考えられているので、ボラティリティの最も一般的な計算方法では、決済価格から決済価格までの変化を使う。私たちは各価格変化（X_i）を次のように定義する。

$X_i = \ln(P_i \div P_{i-1})$

ここでP_iは、i期目の最終日の原資産価格である。
$P_i \div P_{i-1}$は価格比と呼ばれることもある。

週	原資産の価格	ln（$P_i \div P_{i-1}$）	平均値	平均値からの偏差	偏差の2乗
0	101.35				
1	102.26	+.008939		.007771	.000060
2	99.07	−.031692		−.032859	.001080
3	100.39	+.013236		.012069	.000146
4	100.76	+.003679		.002512	.000006
5	103.59	+.027699	+.001167	.026532	.000704
6	99.26	−.042698		−.043865	.001924
7	98.28	−.009922		−.011089	.000123
8	99.98	+.017150		.015982	.000255
9	103.78	+.037303		.036136	.001306
10	102.54	−.012020		−.013188	.000174
		+.011674			.005778

まず、価格変化の対数を取り、その標準偏差を計算する。

標準偏差 = $\sqrt{(0.005778 \div 9)} = \sqrt{0.000642} = 0.025338$

次は、標準偏差に、価格変化を見た期間の平方根を掛けて、年率のボラティリティを計算する。

私たちは週単位で値動きを見たので、期間は365÷7である。

年率ボラティリティ = $0.025338 \times \sqrt{(365 \div 7)} = 0.025338 \times \sqrt{52.14} = 0.025338 \times 7.22 = 0.1829$（18.29％）

シェルダン・ネイテンバーグ著『**オプションボラティリティ売買入門――プロトレーダーの実践的教科書［第2版］**』（パンローリング）の付録Bからの引用。

ADX（アベレージ・ディレクショナル・インデックス）

ADXはトレンドの強さを測る値として使われている。ADXは方向性を示さないので、上昇トレンドか下降トレンドかにかかわらず、値が大きいほど強いトレンドであることを示す。

第3部

VXXのトレンドフォロー戦略
The VXX Trend Following Strategy

第1章 ボラティリティのトレードについて

Introduction to Volatility Trading

　長年にわたって、プロのトレーダーは市場のボラティリティを売買するという考えに沿う戦略を作ってきた。歴史的に見ると、これはインプライドボラティリティが「低い」（したがって、オプション価格も比較的安い）と考えられるときにオプションを買い、インプライドボラティリティとオプション価格が「高い」と考えられるときにオプションを売ることを意味した。残念ながら、そのような戦略を数値で明確化することは、ごく普通の一般トレーダーには不可能に近かった。

　その後、ボラティリティを売買する金融商品が何種類か上場された。それらにはVXX、VXZ、UVXY、TVIXなどがある。この時期から、ボラティリティのトレードに対する関心が急激に高まった。ボラティリティのトレードは、かつてはポートフォリオのヘッジ目的で使われていたが、現在ではボラティリティそのもののトレードに対する関心がますます高まっている。その意味で、ボラティリティを対象とする金融商品は、株、株や商品に連動するETF（上場投信）、オプションと共通の性質もあるが、それらとは別に独自の性質を持つ新しい資産クラスになりつつある。

　この戦略ガイドブックでは、VXXに焦点を合わせる。ボラティリティを対象とする金融商品のうちで、これが最も早く上場されたもののひとつであり（つまり、検証に必要なデータがより多く入手できる）、

ほかの同種の金融商品よりも出来高が多いからだ。ここで示すVXXのトレンドフォロー戦略から、読者は仕掛けと手仕舞いについての明確で数値化されたルールを得ることができる。過去データによる検証結果を見れば、VXXが上場されて以来の3年半で、この戦略がいかに有効だったかを自分の目で確かめられるだろう。

VXXとは何か？

VXXなどのボラティリティを対象とする金融商品のトレードを始める前に、それが実際にどういうものか、基本を理解しておこう。VXXの価格は直接的には、VIXの先物価格で決まる。VIXのほうは、SPXのオプション価格を使って計算される。そこで、元から順に見ていくことにする。

まず、SPXは、通常はCBOE（シカゴ・オプション取引所）によって算出されているS&P500指数の証券コードである。SPXは指数なので、SPXそのものをトレードすることはできない。しかし、CBOEではSPXのオプションを差金決済という形で提供していて、そちらは毎日、活発に取引されている。少しでもオプションについて勉強したことがあれば、オプションの価格を決める主な要素が3つあることはおそらく知っているだろう。

1．本質価値　イン・ザ・マネーのオプションの権利行使価格と、原資産である証券または指数の価格との差である。コールオプションの場合は、権利行使価格のほうが原資産の価格よりも安いときに本質価値がある。プットオプションでは、権利行使価格のほうが原資産の価格よりも高いときに本質価値がある。アウト・オブ・ザ・マネーのオプションに本質価値はない。

2．満期日までの期間　満期日が近いオプションのほうが、満期日が

先のものよりも通常は安い。これは理屈にかなっている。満期日が先のものほど、原資産である証券や指数の価格が動く時間的余裕があるからだ。

3．インプライドボラティリティ　今から満期日までに市場が予想している原資産価格のボラティリティが高くなるほど、オプション価格も高くなるだろう。

　アウト・オブ・ザ・マネーのオプションに本質価値がないことは、すでに述べた。したがって、アウト・オブ・ザ・マネーのオプションの現在価格と残存日数が分かれば、インプライドボラティリティは簡単に計算できる。ここでの重要な考え方は、価格や期間などの具体的なデータや、ほかにも金利のような細かな要素を使って、市場予想を反映するインプライドボラティリティという、より漠然とした概念を計算しているということだ。インプライドボラティリティをHV（ヒストリカルボラティリティ）と混同しないでもらいたい。こちらは過去のある期間に価格が実際にどれほど変動したかを測るものだ。

　SPXのオプションのインプライドボラティリティが理解できれば、CBOEが公表しているボラティリティ指数、すなわちVIXが理解できる。これは1993年に上場された。VIXの厳密な計算法は変わってきたが、その意図は同じだ。つまり、残存日数が30日のインプライドボラティリティの市場予想を測ろうとするものだ。シカゴ・オプション取引所によると、VIXの現在の計算式は、「権利行使価格がさまざまなSPXのプットとコールの価格を加重平均して、予想ボラティリティを推計する」。ここで私たちが知っておくべきことは、残存日数30日のSPXオプションのインプライドボラティリティがVIXであり、年率換算された値で表されているという点である。言い換えると、VIXの値が現在、18であれば、それは今後１カ月のSPXのボラティリティが5.2％〔18％×〔（１÷12）の平方根〕〕である、と市場が予想してい

ることを示す。

　さて、VIXが何を測っているかが理解できたので、次はVIXの先物がどういうものかを見ることにしよう。先物の詳細に立ち入る必要はない。先物価格は、その納会日に原資産である証券価格がいくらになると市場が予想しているかを反映している、ということが分かっていれば十分だ。例えば、今日が6月24日で、VIXの値が18だとしよう。オプションと同じく、先物も月の第3週目に納会日を迎える。7月限のVIXの先物が1枚当たり21.50ドルであれば、それは今後4週間ほどでVIXが3.5上昇すると、市場が予想していることを示す。先物の8月限は23ドルかもしれない。その場合は、今後2カ月はVIXが上昇し続ける、と市場が予想しているという意味だ。

　ここで、ようやくVXXに話を戻すことができる。VXXの正式名称は、iPath S&P500 VIX短期先物ETN（指標連動証券）と言い、バークレイズ銀行が発行元である。VXXの目論見書では、次のように述べられている。VXXというETNは、「S&P500のVIX短期先物指数のパフォーマンスに連動している。この指数は先物の残存日数が加重平均で常に1カ月になるように、1カ月物と2カ月物のVIX先物のローリング・ポートフォリオを持ち続けるという戦略に基づいて計算されている」。ここで、私たちがまだ取り上げていない唯一の新しい概念は、「ローリング・ポートフォリオ」という考え方である。これは文字どおりの意味だが、別の例で説明するほうが分かりやすいだろう。今日がVIX先物の1月の納会日だとする。この時点で、VXXはさまざまなVIXの2月限を保有している。そして、そのすべての残存日数はぴったり1カ月だ。その翌日にVXXはVIXの2月限を少し売り、そこで得た資金で、できるだけ多くのVIXの3月限を買う。この手順を繰り返しながら2月の納会日になると、VXXが保有する先物はすべて3月限になる。言い換えると、すべての先物の残存日数を加重平均すると、常に1カ月になる。

VIXとVXXの重要な性質

　実際のトレード戦略に移る前に、VIXとVXXについて、知っておくと役に立つことを、いくつか説明しておこう。

VXXはVIXではない
　ここまでの説明を読んでいれば、この点は極めて明白なはずだ。残念ながら、インターネットのブログやニュースレターなどでは、VXXはVIXの証券コードだとか、レバレッジが２倍のVIXだとか、VIXのトレード方法だという説明に出合うだろう。だが、これらの説明はどれも正しくない。読者は注意してほしい！

VIXとVXXはS&P500に逆相関している
　逆相関とは単に、VIXとS&P500が反対方向に動く傾向がある、つまり一方が上昇すればもう一方が下落しがちであるという意味だ。相関係数の値は通常、1.0（完全な正の相関関係）と－1.0（完全な負の相関関係）の間の値を取る。VXXが上場された2009年２月後半以来、VIXとSPXの相関係数はおよそ－0.71だった。
　これよりも、VXXとSPXのほうが高い逆相関を示している。2009年２月にVXXが上場されて以来、VXXとSPXの相関係数はおよそ－0.92だった。そのため、SPXが上がるとVXXが下がり、SPXが下がるとVXXが上がる傾向が非常に強い。

VXXには下方へのバイアスがある
　VXXの当日の終値を前日の終値と比較すると、上場以来の期間の60％近くで下げていることが分かる。これには２つの要因がある。第１に、すでに述べたように、VXXはSPXと逆相関している。VXXが上場されて以降、SPXはその期間の約55％で上げている。SPXがその

期間の過半数で上げているということは、VXXが同じ期間の過半数で下げているだろうと予想できる。

　VXXの価格を押し下げる第2の要因は、いわゆる順ザヤである。これはVXXでだけではなく、先物を一括取引で期先に乗り換えるどんなETFでも起こり得る。ネット上には、順ザヤについて良い説明がたくさん見つかるが、簡単に言えば、期先物が期近物よりも高いときには、乗り換え時にそのファンドで損失が発生するということだ。例えば、今が8月で、VXXが8月限の先物を1枚20ドルで売って、21ドルで9月限に乗り換えている最中であれば、ロールオーバーされる日にはいつも損失が出ている。VXXはほぼ常に順ザヤの状態にある点に注意する必要がある。順ザヤの反対は逆ザヤで、期近よりも期先のほうが安いときに起きる。VXXの場合、これは（VIXの価値で表される）インプライドボラティリティがやがて下がる、と市場が考えていることを示している。これは通常、VIXがすでに非常に高い水準にあり、その水準は持続しないと市場が判断しているときにしか起きない。

VXXの価格そのものには意味がない

　一見すると、これは妙な発言だと思われるかもしれない。もちろん、VXXには価格があり、トレードをしているときには、価格がいくらで、どの方向に動いているかを当然、気にする。しかし、その絶対的な価値については、VXXの価格からどんな結論も下せないのだ。今日はVXXが25ドルで引けたと私が言っても、あなたは市場自体について何も判断できない。対照的に、今日はVIXが25で引けたと私が言えば、今後30日のSPXのインプライドボラティリティは年率25％と市場が予想していることがすぐに分かる。

　なぜ、これが重要なのだろうか？　それは、VXXのある価格だけに基づいて、トレードの判断を下すことはできないからだ。VXXが

10ドルだからといって、「安く」て買いにふさわしいと考えるべきではない。同様に、200ドルだからといって、「高い」と考えるべきでもない。これに関連するが、VXXの価格とVIXの値を比較することもできない。今日、VXXは9ドルを少し上回って引け、VIXは16.32ドルで引けたとする。しかし、今週末にVXXで4対1の株式併合が行われれば、ほかの条件が変わらなければ、VXXは約36ドルになるが、VIXは16ドル半ばのままである。繰り返すが、VXXの価格とVIXの水準の間にはいかなる関係もない。どの日でも、それらは同じ方向に動く可能性が非常に高い。だが、それだけのことだ。

　面倒な話はこれくらいにして、VXXのトレンドフォロー戦略のルールに移ろう。

第2章 VXXでのトレンドフォローのルール

VXX Trend Following Rules

　トレードを始めてある程度たっていれば、「トレンドはあなたの味方」という言葉におそらくどこかで出合っているだろう。トレンドフォローはトレーダーが使う最も一般的な戦略のひとつである。また、その考え方は最も理解しやすいもののひとつでもある。新しいトレンドが形成されるまで待ち、そのトレンドが続くことを期待して、トレンド方向にトレードをする。そして、そのトレンドが終わったか転換したように見えるときに手仕舞う、という考え方だ。しかし、これにはいくつかの問題がある。第1に、ほとんどの証券でトレンドが形成されているのは、取引期間の25～30％にすぎないと推測されていることだ。残りは単に横ばい期間で、レンジ相場とも呼ばれている。第2に、トレンドの始まりをどうやって確実に見極めるかだ。第3に、トレンドの終わり、あるいは反対方向へのトレンドの始まりをどうやって知るかだ。

　私たちの戦略すべてと同様に、このガイドブックで私たちは仕掛けと手仕舞いについて、数量化されたルールを紹介していく。さらに、ルールに用いる変数を変えるとパフォーマンスがどう変わるかも示すつもりだ。それによって、あなたはルールを自分のトレード計画に合わせることができるだろう。

　VXXのトレンドフォロー戦略では、VXXの終値に加えて、2つの

移動平均線の関係を利用する。最初にルールで用いた変数の組み合わせを個別に見て、次にすべての変数を含む一般的な形でルールを述べ直すことにする。まず、買いのルールから始める。

1．今日の５日単純移動平均線が15日単純移動平均線を上回っている。
2．今日の終値が５日移動平均線を上回っている。
3．ルール１とルール２の両方が満たされたら、大引けでVXXを買う。
4．ルール１かルール２のどちらかが満たされなくなったら、大引けで売る。

　ルール１は移動平均線の交差という考え方を利用している。長期移動平均線よりも短期移動平均線のほうが、価格変化に素早く反応する。このため、私たちは５日移動平均線を「速い移動平均線」、15日移動平均線を「遅い移動平均線」と呼ぶことがある。移動平均線の交差という考え方では、速い移動平均線のほうが遅い移動平均線を上回っていれば、前の価格よりも最近の価格のほうが平均して高いということであり、上昇トレンド途上だ、という発想をしている。逆に、速い移動平均線のほうが遅い移動平均線を下回っているときには下降トレンドを示している。
　ルール２では、価格が大きく上昇していることが確かめられて、上昇トレンドの裏付けとなる。
　ルール３のおかげで、複数の条件でトレンドを確認できたときのみに仕掛けるようにできる。そのため、トレンドが十分に形成されていないときにトレードをしないで済む。
　ルール４によって、トレンドが崩れたらすぐに手仕舞うことができるので、トレードを長く続けすぎないで済む。
　買いの場合に、チャートがどう見えるかを確かめておこう。

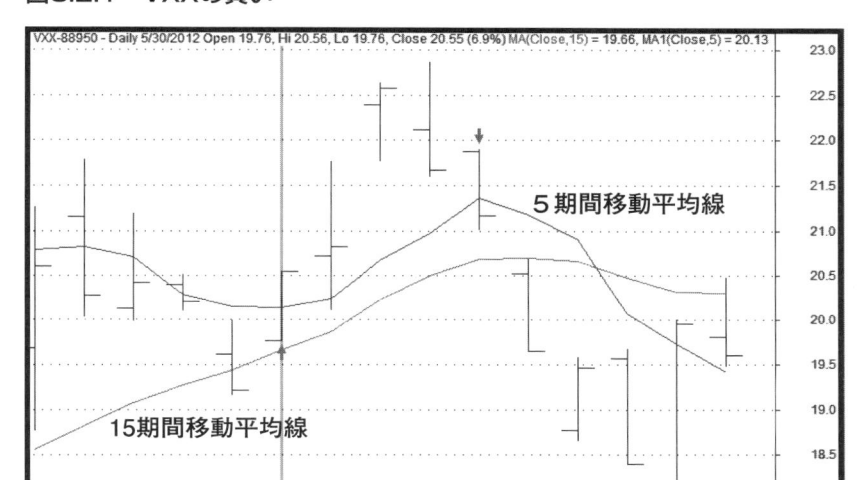

図3.2.1　VXXの買い

［チャート図：VXX-88950 - Daily 5/30/2012 Open 19.76, Hi 20.56, Lo 19.76, Close 20.55 (6.9%) MA(Close,15) = 19.66, MA1(Close,5) = 20.13。5期間移動平均線と15期間移動平均線を表示］

　このチャートでは、垂直の線は現在選択している日で、2012年5月30日であり、上向きの矢印で示しているようにVXXを買った日でもある。

　ルール1では、5日移動平均線は15日移動平均線を上回っていなければならないと述べている。仕掛けた日には、この条件が満たされていることがすぐに分かる。ただし、これ以前の数日間もこの条件は満たされていた。

　ルール2では、各足の右側の水平線で示す終値が、5日移動平均線を超えている必要がある。チャートで示されている日では、5月30日がこの条件を満たす最初の日である。それ以前の5日間では、終値は5日移動平均線を下回っている。

　ルール3では、ルール1とルール2の両方が満たされたときに仕掛けるようにと指示しているので、5月30日の大引けかその近くで買う。

ルール4では、ルール1とルール2のどちらかの条件が破られたら手仕舞うようにと指示している。VXXを買った4日後に、5期間移動平均線を下回って引けている。これでルール2が破られたので、大引けで手仕舞う。

今度は、空売りの場合を見ることにしよう。空売りのルールは買いのルールの逆になる。

5．今日の5日単純移動平均線が15日単純移動平均線を下回っている。
6．今日の終値が5日移動平均線を下回っている。
7．ルール5とルール6の両方が満たされたら、大引けでVXXを空売りする。
8．ルール5かルール6のどちらかが満たされなくなったら、大引けで買い戻す。

ルール5はルール1と同じ移動平均線の交差という考え方を利用している。ただし、こちらの場合では、速い移動平均線が遅い移動平均線を下回って、下降トレンドが形成された可能性が示されるまで待つということだ。

ルール6では、価格が大きく下落していることが確かめられて、下降トレンドの裏付けとなる。

ルール7のおかげで、複数の条件でトレンドを確認できたときのみに仕掛けるようにできる。そのため、トレンドが十分に形成されていないときにトレードをしないで済む。

ルール8によって、トレンドが崩れたらすぐに手仕舞うことができる。

第2章　VXXでのトレンドフォローのルール

では、空売りのトレード例を検討しよう。

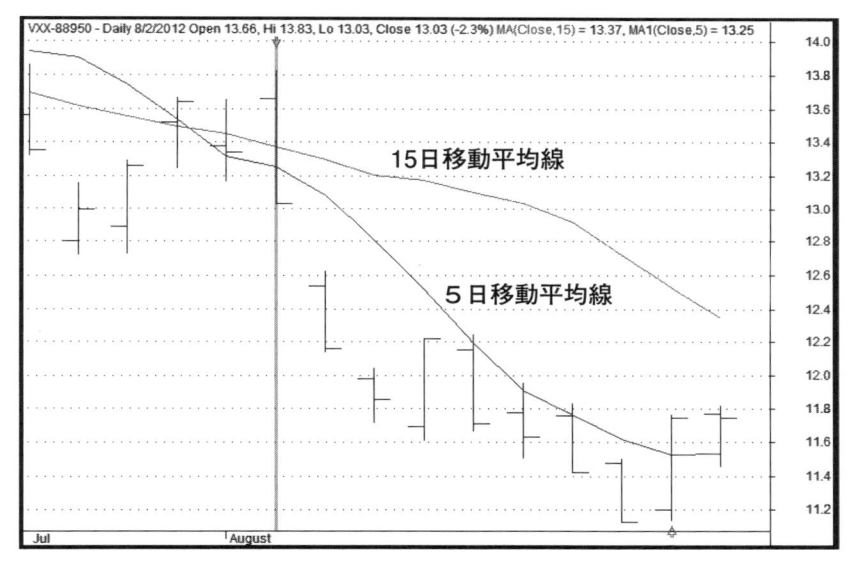

図3.2.2　VXXの空売り

ルール5は、5日移動平均線が15日移動平均線を下回るまで待つように指示している。このチャートを見ると、縦線と下向きの矢印で示される仕掛け日よりも2日前に、すでに移動平均線の交差が起きていることがはっきりと分かる。

ルール6は、終値が5日移動平均線を下回るまで待つようにと指示している。これが移動平均線の交差後に初めて起きたのは、2012年8月2日だった。

ルール7は、ルール5とルール6の両方が満たされたときに空売りするようにと指示しているので、矢印が示すように、8月2日の大引けかその近くでVXXを空売りする。

ルール8は、ルール5とルール6の条件のどちらかが破られたら手

105

仕舞うようにと指示している。このトレードで初めてそうなったのは、チャートの右から2番目の日足（チャートの下に、「買い戻し」の矢印が見える）で、VXXの終値が5日移動平均線を上回ったときだ。私たちは13.03ドル近くで空売りをして11.75ドルで買い戻して、（13.03ドル－11.75ドル）÷13.03ドル＝9.82％という、かなりの利益を得た。

　速い移動平均線に5期間、遅い移動平均線に15期間の移動平均線を使うのに、特別な理由はない。実は、私たちはさまざまな移動平均線を組み合わせて検証している。それらは検証結果の章で示す。また、だれもが大引け近くに仕掛けることができるわけではない。そのため、私たちは翌取引日の寄り付きに仕掛ける場合も検討した。これらの点を考慮すると、買いと空売りのルールは次のように一般化できる。

1．今日、速い移動平均線が遅い移動平均線を上回った。
2．今日、終値が速い移動平均線を上回った。
3．ルール1とルール2の両方が満たされたとき、今日の大引けか明日の寄り付きでVXXを買う。
4．ルール1かルール2のどちらかの条件が破られたとき、今日の大引けか明日の寄り付きにVXXを売る。

5．今日、速い移動平均線が遅い移動平均線を下回った。
6．今日、終値が速い移動平均線を下回った。
7．ルール5とルール6の両方が満たされたとき、今日の大引けか明日の寄り付きでVXXを空売りする。
8．ルール5かルール6のどちらかの条件が破られたとき、今日の大引けか明日の寄り付きにVXXを買い戻す。

　明確なルールを設定したので、どの組み合わせがあなたのトレード

に最もふさわしいかを判断するために、検証結果を見ていこう。

第3章 検証結果

Test Results

　あるトレード戦略に従うと将来にどういう結果が得られるかを事前に知ることは不可能だ。だが、この章で述べているVXXのトレンドフォロー戦略のように、完全に数量化された戦略では、少なくとも過去の結果がどうだったかの検証はできる。この手続きは「バックテスト」と呼ばれている。

　この戦略のバックテストは、2009年2月（VXXが上場されたとき）から2012年8月末（この文章を執筆している現在に入手できる最新のデータ）までの期間で行った。通常、バックテストの期間が長いほど、統計上の信頼性は高まり、得られる結果も役に立つ。3年半はコナーズ・リサーチが検証に通常使う期間よりも短いが、オンラインで見かける多くのバックテストで使われている期間よりもはるかに長い。「この戦略を用いていたら、過去6カ月でXのリターンが得られていただろう」という文によく出合う。私たちはVXXが上場されて以降の全期間を用いているので、このトレンドフォロー戦略をトレード計画全体のなかでどう生かすかについて、最も良い判断を下すことができるだろう。

　バックテストで得られる重要な統計のひとつは平均損益で、1トレード当たり平均利益とも言われる。これを「エッジ」と呼ぶトレーダーもいる。平均損益は、％で表した利益と損失のすべてを、全トレー

ド数で割った値である。次の10回のトレードを考えてみよう。

トレード番号	損益
1	1.7%
2	2.1%
3	-4.0%
4	0.6%
5	-1.2%
6	3.8%
7	1.9%
8	-0.4%
9	3.7%
10	2.6%

平均損益は次のように計算する。

平均損益＝（1.7％＋2.1％－4.0％＋0.6％－1.2％＋3.8％＋1.9％－0.4％＋3.7％＋2.6％）÷10
　　　＝1.08％

　3日から10日の短期トレードでは、ほとんどのトレーダーは全トレードで0.5～2.5％の平均損益を目指している。ほかの条件がすべて同じであれば、平均損益が大きいほど口座資金が増えていくだろう。もちろん、ほかの条件がすべて同じということはけっしてない。その点については、あとで述べる。

　もうひとつの重要な統計は勝率だ。これは単に、利益が出たトレード数を全トレード数で割った値である。前の表では、10トレードのうち7トレードで利益が出ていて、リターンはプラスになっている。この例での勝率は7÷10＝70％になる。トレンドフォロー戦略を用いるシステムの多くでは、勝率が50％に満たない。トレードで得られる利益が損失をかなり大きく上回るという前提に立っているからだ。例え

ば、私のシステムで1000ドルの利益が出たトレードが２つ、400ドルの損失が出たトレードが３つあれば、勝率は40％（５トレードのうちの２つ）にすぎないが、利益は（1000ドル×２）－（400ドル×３）＝800ドルになる。

　それでは、VXXのトレンドフォロー戦略の検証結果を、さまざまな変数の組み合わせで見ていこう。シグナルが少ないと、どんな結論も下せないので、私たちは通常、トレード数があまりにも少なくなる変数は除外することにしている。しかし、VXXが上場されてからあまり長くたっていないため、ここでは検証したすべての変数の結果を含めることにした。まず、買いだけの場合で、最も平均損益が高い10の変数の組み合わせを見ることにする。

平均損益に基づく買いのみでのトップ10の変数の組み合わせ

トレード数	平均損益	平均保有日数	勝率	移動平均の組み合わせ	買いか空売りか	仕掛け時と手仕舞い時
8	5.40%	10.00	37.50%	MA(20)/MA(50)	買いのみ	寄り付きー寄り付き
16	3.37%	6.13	37.50%	MA(10)/MA(30)	買いのみ	大引けー大引け
8	2.95%	10.00	37.50%	MA(20)/MA(50)	買いのみ	大引けー大引け
24	1.80%	4.96	29.17%	MA(10)/MA(20)	買いのみ	大引けー大引け
16	1.52%	6.13	31.25%	MA(10)/MA(30)	買いのみ	寄り付きー寄り付き
24	1.29%	4.96	29.17%	MA(10)/MA(20)	買いのみ	寄り付きー寄り付き
40	0.53%	2.90	30.00%	MA(5)/MA(20)	買いのみ	大引けー大引け
13	0.44%	6.54	30.77%	MA(10)/MA(50)	買いのみ	大引けー大引け
48	0.20%	2.71	27.08%	MA(5)/MA(15)	買いのみ	大引けー大引け
48	0.08%	2.71	37.50%	MA(5)/MA(15)	買いのみ	寄り付きー寄り付き

　次は各列についての説明だ。

　トレード数とは、2009年２月26日から2012年８月31日の間にこの変数でシグナルが点灯した回数である。

　平均損益とは、負けトレードを含めた全トレードでの平均利益である。トップ10の変数ではすべてが利益を出していて、最大で5.4％だ

った。

　平均保有日数とは、トレードを維持した平均日数である。これは全トレードでも10日以下である。

　勝率とは、点灯したシグナルのうちで利益が出た割合である。トップ10ではすべてが27～38％の幅に入っている。これはトレンドフォロー戦略では典型的な比率である。

　移動平均の組み合わせは、交差によるシグナルで用いる速い移動平均線と遅い移動平均線のことである。例えば、MA（20）/MA（50）とは、速い移動平均線が20期間移動平均線で、遅い移動平均線が50期間移動平均線という意味である。

　買いか空売りかとは、この戦略の変数で仕掛けたのが、買いシグナルが点灯したときのみ（買いのみ）か、空売りのシグナルが点灯したときのみ（空売りのみ）か、どちらのシグナルも点灯したとき（買いと空売り）なのかを示している。この表では、買いのみについて見ている。

　仕掛け時と手仕舞い時は、トレードをいつ仕掛けて、いつ手仕舞ったのかを示す。大引け－大引けは、仕掛けと手仕舞いのシグナルが点灯した日の大引けに、それらを実行したことを意味する。寄り付き－寄り付きは、仕掛けと手仕舞いのシグナルが点灯した日の翌日の寄り付きに、それらを実行したことを意味する。

　しばらく、この表の最初の2行だけを見てもらいたい。1行目の変数の組み合わせでは、1トレード当たりの平均損益が5.40％だが、2行目では3.37％だ。しかし、利益については、これだけでは判断できない。ここで、ポジションサイズを1トレード当たり1000ドルで固定していると仮定しよう。すると、1行目の組み合わせでは、1トレード当たり平均で1000ドル×5.4％＝54ドル稼げるが、2行目では、1000ドル×3.37％＝33.70ドルである。しかし、1行目の組み合わせで

は8トレードしか実行できないので、総利益は8×54.00ドル＝432.00ドルになる。一方で、2行目の組み合わせでは、16×33.70ドル＝539.20ドルの利益が得られる。というわけで、これらの項目を両方とも考慮することが非常に重要なのだ。

　もうひとつの重要な統計は平均保有日数である。通常は、保有日数が長いほど、平均利益が大きくなる。しかし、1トレードに資金が縛られていると、ほかの目的に使えなくなる。異なる戦略を評価するときには、必要な資金についても検討することだ。

　では、空売りのみの変数で得られた結果を見よう。

平均損益に基づく空売りのみでのトップ10の変数の組み合わせ

トレード数	平均損益	平均保有日数	勝率	移動平均の組み合わせ	買いか空売りか	仕掛け時と手仕舞い時
35	6.49%	15.71	57.14%	MA(20)/MA(50)	空売りのみ	寄り付きー寄り付き
36	4.87%	15.31	50.00%	MA(20)/MA(50)	空売りのみ	大引けー大引け
58	3.32%	9.00	50.00%	MA(10)/MA(30)	空売りのみ	寄り付きー寄り付き
59	3.12%	8.86	45.76%	MA(10)/MA(30)	空売りのみ	大引けー大引け
76	3.08%	5.71	55.26%	MA(5)/MA(20)	空売りのみ	大引けー大引け
56	3.08%	8.82	51.79%	MA(10)/MA(20)	空売りのみ	寄り付きー寄り付き
77	3.04%	5.55	54.55%	MA(5)/MA(15)	空売りのみ	大引けー大引け
58	2.95%	8.79	48.28%	MA(10)/MA(50)	空売りのみ	寄り付きー寄り付き
57	2.75%	8.68	49.12%	MA(10)/MA(20)	空売りのみ	大引けー大引け
59	2.75%	8.66	42.37%	MA(10)/MA(50)	空売りのみ	大引けー大引け

　この表でまず注目すべき項目はトレード数だ。VXXには下方へのバイアスがあると、第1章で述べた。実際に、VXXが上場されて以来、買いよりも空売りのほうが、トレード数が多かったことが分かる。この戦略でパフォーマンスが良い買いの変数では、トレード数が8～48だったのに対して、空売りの変数では同じ期間のトレード数が35～77だった。また、平均損益も勝率も、空売りのほうが高い。

　興味深いもうひとつの点は、平均保有日数で表されるトレード期間

と、この戦略で使われる移動平均線との関係だ。長い保有日数と遅い移動平均線に基づく戦略では、トレード期間が長くなり、点灯するシグナル数は減る。短い保有日数と速い移動平均線に基づく戦略では、トレード期間が短くなり、点灯するシグナル数は増える。こうした関係があると分かっていれば、VXXのトレンドフォロー戦略のうちで、どの変数が自分のトレード計画に最もふさわしいかを判断する際の役に立つだろう。

最後に、買いと空売りの両方を行ったときに、パフォーマンスが最も良かった変数の組み合わせを見ておこう。

平均損益に基づくトップ10の買いと空売りの変数

トレード数	平均損益	平均保有日数	勝率	移動平均の組み合わせ	買いか空売りか	仕掛け時と手仕舞い時
43	6.29%	14.65	53.49%	MA(20)/MA(50)	買いと空売り	寄り付き-寄り付き
44	4.53%	14.34	47.73%	MA(20)/MA(50)	買いと空売り	大引け-大引け
75	3.17%	8.28	44.00%	MA(10)/MA(30)	買いと空売り	大引け-大引け
74	2.93%	8.38	45.95%	MA(10)/MA(30)	買いと空売り	寄り付き-寄り付き
80	2.54%	7.66	45.00%	MA(10)/MA(20)	買いと空売り	寄り付き-寄り付き
81	2.47%	7.58	43.21%	MA(10)/MA(20)	買いと空売り	大引け-大引け
71	2.41%	8.38	45.07%	MA(10)/MA(50)	買いと空売り	寄り付き-寄り付き
72	2.34%	8.28	40.28%	MA(10)/MA(50)	買いと空売り	大引け-大引け
116	2.20%	4.74	46.55%	MA(5)/MA(20)	買いと空売り	大引け-大引け
125	1.95%	4.46	44.00%	MA(5)/MA(15)	買いと空売り	大引け-大引け

この表を、空売りのみの変数の結果と比較してほしい。ほとんどの平均利益はわずかに落ちているが、総トレード数は大幅に増えている。前に述べたように、総利益がどれくらいになるかはこれら2つの要素の組み合わせで決まる。

また、40％と53％近くの2つの例外を除けば、勝率はすべて40％代半ばであることに注意してほしい。ETFの全取引期間にわたって、検証結果が明確で数量化されているトレンドフォロー戦略のなかで、

勝率も平均利益もこれほど高いものはそう多くはないだろう。

第4章　見本のポートフォリオの結果

Sample Portfolio Results

　ここまで、私たちはVXXのトレンドフォロー戦略について、個々のトレード結果に焦点を合わせてきた。過去データの検証結果に基づいて、平均利益や平均保有日数、特定のトレードの勝率を見てきた。

　それでは、この戦略をあなたのポートフォリオの一部に使った場合、どういうパフォーマンスを示すかを分析しよう。2009年前半に、あなたがVXXトレンドフォロー戦略に2万ドルを割り当てて、損益は残りのポートフォリオと分けて管理し、利益が複利で増えるようにしたと仮定する。あなたのパフォーマンスは、過去3年半の間にどうなっていただろうか？

　では、20期間の速い移動平均線と50期間の遅い移動平均線を使い、買いも空売りも行って、仕掛けと手仕舞いはシグナルが点灯した日の翌日の寄り付きに行う戦略から見ていこう。

　次の表はトレードのリストである。ここでは、VXXが2009年2月に上場されて以来、戦略のルールに完全に従った場合に行われたであろう全トレードを順に示している。表の各列は次の意味を表す。

トレード　そのトレードが買い（寄り付きに買う）か空売り（寄り付きに売る）かを示す。

日付　仕掛けた日。ここでは仕掛けも手仕舞いも寄り付きに行うので、

仕掛けた日はシグナルが点灯した日の翌日になる。

価格 仕掛けた価格。ここでは仕掛けのシグナルが点灯した日の翌日の、VXXの寄り付き価格を指す。

手仕舞った日 トレードを手仕舞った日。

手仕舞った価格 トレードを手仕舞ったときの価格。すなわち、手仕舞いのシグナルが点灯した日の翌日の寄り付き価格。

損益（金額） ドルとセントで表示した利益（プラスの場合）か損失（マイナスの場合）。

損益（％） 最初のポジションサイズに対する損益を％で表したもの。

口数 トレードを行った口数。各トレードでは、仕掛けたときに使える資金で可能な、最大口数を買うか空売りする。

ポジション金額 トレードを始めたときの金額で、仕掛け価格に口数を掛けた額。

総利益 ドルとセントで表示した総利益。これは利益の列のうちで、現在のトレードの手仕舞い日までをすべて合計した金額である。

第4章 見本のポートフォリオの結果

トレード	日付	価格	手仕舞った日	手仕舞った価格	損益（金額）	損益（％）	口数	ポジション金額	総利益
空売り	5/11/09	334.60	6/17/09	312.16	1322.78	6.70%	59	19741.40	1322.78
空売り	6/22/09	311.88	6/23/09	315.48	(246.16)	-1.16%	68	21207.84	1076.62
空売り	6/25/09	301.52	7/9/09	294.00	517.50	2.49%	69	20804.88	1594.12
空売り	7/10/09	294.36	8/18/09	247.52	3417.86	15.91%	73	21488.28	5011.98
空売り	8/20/09	234.76	9/1/09	239.08	(460.04)	-1.85%	106	24884.56	4551.94
空売り	9/8/09	230.04	10/2/09	212.72	1833.80	7.52%	106	24384.24	6385.74
空売り	10/6/09	199.44	10/29/09	180.08	2552.88	9.70%	132	26326.08	8938.62
空売り	10/30/09	177.56	11/2/09	190.20	(2063.58)	-7.13%	163	28942.28	6875.04
空売り	11/9/09	175.16	1/25/10	123.64	7879.50	29.40%	153	26799.48	14754.54
空売り	2/2/10	119.60	2/5/10	127.68	(2349.00)	-6.77%	290	34684.00	12405.54
空売り	2/17/10	118.28	4/28/10	80.36	10384.60	32.04%	274	32408.72	22790.14
買い	5/17/10	106.24	6/4/10	121.52	6134.52	14.36%	402	42708.48	28924.66
買い	6/7/10	122.44	6/11/10	120.44	(805.98)	-1.65%	399	48853.56	28118.68
買い	6/30/10	123.24	7/8/10	104.84	(7183.80)	-14.95%	390	48063.60	20934.88
空売り	7/12/10	102.68	8/13/10	93.48	3653.64	8.94%	398	40866.64	24588.52
空売り	8/19/10	89.80	8/20/10	93.48	(1835.20)	-4.12%	496	44540.80	22753.32
空売り	8/30/10	86.32	11/17/10	49.08	18423.90	43.12%	495	42728.40	41177.22
空売り	11/18/10	46.51	12/1/10	46.99	(657.50)	-1.08%	1315	61160.65	40519.72
空売り	12/3/10	43.89	2/23/11	32.64	15486.17	25.59%	1379	60524.31	56005.89
買い	3/16/11	35.09	3/22/11	32.27	(6151.44)	-8.09%	2166	76004.94	49854.45
空売り	4/13/11	28.49	6/13/11	22.79	13927.36	19.94%	2452	69857.48	63781.81
空売り	6/15/11	23.33	6/16/11	24.90	(5708.10)	-6.82%	3590	83754.70	58073.71
空売り	6/29/11	22.58	7/15/11	23.13	(1970.49)	-2.52%	3457	78059.06	56103.22
空売り	7/21/11	21.46	7/27/11	22.41	(3439.62)	-4.52%	3546	76097.16	52663.60
買い	8/5/11	27.66	9/19/11	43.49	41532.87	57.16%	2627	72662.82	94196.47
買い	9/20/11	42.55	10/11/11	47.20	12422.29	10.88%	2683	114161.65	106618.76
空売り	11/1/11	46.16	11/2/11	44.30	5047.12	3.99%	2743	126616.88	111665.88
空売り	11/4/11	43.44	11/7/11	43.41	30.31	0.02%	3031	131666.64	111696.19
空売り	11/9/11	43.92	11/10/11	45.60	(5096.60)	-3.87%	2998	131672.15	106599.59
空売り	12/1/11	41.97	12/15/11	39.27	8082.88	6.39%	3016	126581.52	114682.47
空売り	12/16/11	37.90	2/13/12	26.36	40930.56	30.40%	3553	134658.71	155613.03
空売り	2/14/12	26.11	2/15/12	26.76	(4505.08)	-2.57%	6724	175563.64	151107.95
空売り	2/23/12	25.84	3/7/12	25.67	993.00	0.58%	6620	171060.80	152100.95
空売り	3/8/12	24.12	4/10/12	19.08	35807.66	20.81%	7133	172047.97	187908.61
空売り	4/13/12	18.24	4/16/12	18.60	(4329.72)	-2.08%	11394	207826.56	183578.89
空売り	4/18/12	18.15	4/19/12	18.18	(560.60)	-0.28%	11212	203497.80	183018.29
空売り	4/23/12	18.67	4/24/12	18.26	4239.30	2.09%	10870	202942.90	187257.59
空売り	4/25/12	17.20	5/10/12	17.24	(722.70)	-0.35%	12045	207174.01	186534.89
空売り	5/11/12	17.66	5/14/12	18.22	(6780.20)	-3.28%	11690	206445.40	179754.69
買い	5/25/12	20.40	6/7/12	18.78	(16053.96)	-8.04%	9789	199695.60	163700.73
買い	6/14/12	20.44	6/15/12	19.14	(11860.20)	-6.46%	8985	183653.40	151840.53
空売り	7/2/12	14.87	7/25/12	14.59	3003.52	1.75%	11552	171778.24	154844.05
空売り	7/27/12	12.80	8/31/12	11.71	14608.71	8.36%	13653	174758.40	169452.76

最初のトレードでは、2009年５月11日に59口を空売りした。ポジションの総額が１万9741.40ドルだったことに注意してほしい。１口が334.60ドルのときに、さらにもう１口を空売りしていたら、２万ドルの当初資金を超えていた。１万9741.40ドル＋334.60ドル＝２万76.00ドルになるうえに、１口につき１セントの手数料を払ったと仮定するからだ。それで、このトレードでは59口が最大限度になる。

　このトレードでは1322.78ドルの利益が出た。つまり、私たちは現在、２万ドル＋1322.78ドル＝２万1322.78ドルを次のトレードで使えるということだ。そして、２回目のトレードのポジションサイズは２万1207.84ドルで、使える総資金を少し下回るだけだ。

　次に、表の一番下を見ると、累積利益が16万9452.76ドルになっている点に注目してほしい！　３年半で、最初の２万ドルは18万9452.76ドルになったのだ。これが、かなりのシグナル数を点灯させて、１トレード当たり6.29％の平均利益を生み出す戦略の威力だ。

　この戦略の組み合わせのパフォーマンスを示すために、別の角度から見てみよう。次の表は月間と年間のポートフォリオの利益率を示したものだ。例えば、2012年１月のリターンは21.53％だった。これは、2012年１月末のポートフォリオの総額が月初のポートフォリオ総額の121.53％だったことを意味する。あるいは、2011年のリターンが106.82％だったということは、ポートフォリオの総額がこの年に２倍以上になったという意味だ。ここでも、VXXをトレードし始めてから毎年、かなりの利益を出していたことが分かる。

	2009	2010	2011	2012
1月		5.89%	11.12%	21.53%
2月	0.00%	3.57%	-1.09%	3.38%
3月	0.02%	16.07%	-8.08%	24.81%
4月	0.01%	2.41%	18.63%	-4.22%
5月	6.75%	7.58%	5.53%	-5.20%
6月	8.12%	5.85%	-5.12%	-15.62%
7月	8.25%	-5.86%	-12.43%	-5.08%
8月	-0.72%	-8.43%	40.76%	16.15%
9月	11.82%	22.01%	39.95%	
10月	-4.68%	16.19%	-11.56%	
11月	9.76%	-3.42%	-0.01%	
12月	13.09%	20.27%	12.98%	
合計	64.16%	110.72%	106.82%	32.46%

　あなたはひょっとすると、ポートフォリオの長期的なパフォーマンスが素晴らしいのは、私たちが平均損益の高い戦略の組み合わせを使ったからにすぎないと思っているかもしれない。そうでないことを示すために、平均利益が少なかったために、どのトップ10のリストにも入らなかった組み合わせを見てみよう。この組み合わせでは、3期間の速い移動平均線と10期間の遅い移動平均線を使い、買いも空売りも行って、大引けで仕掛けと手仕舞いを実行している。この変数の組み合わせはこれまでのどの表にも出ていないので、これがどの位置にあるかが分かるように、買いも空売りも行う検証で用いた変数の組み合わせをすべて見ておこう。

買いと空売りでのすべての組み合わせ

トレード数	平均損益	平均保有日数	勝率	移動平均の組み合わせ	買いか空売りか	仕掛け時と手仕舞い時
43	6.29%	14.65	53.49%	MA(20)/MA(50)	買いと空売り	寄り付き-寄り付き
44	4.53%	14.34	47.73%	MA(20)/MA(50)	買いと空売り	大引け-大引け
75	3.17%	8.28	44.00%	MA(10)/MA(30)	買いと空売り	大引け-大引け
74	2.93%	8.38	45.95%	MA(10)/MA(30)	買いと空売り	寄り付き-寄り付き
80	2.54%	7.66	45.00%	MA(10)/MA(20)	買いと空売り	寄り付き-寄り付き
81	2.47%	7.58	43.21%	MA(10)/MA(20)	買いと空売り	大引け-大引け
71	2.41%	8.38	45.07%	MA(10)/MA(50)	買いと空売り	寄り付き-寄り付き
72	2.34%	8.28	40.28%	MA(10)/MA(50)	買いと空売り	大引け-大引け
116	2.20%	4.74	46.55%	MA(5)/MA(20)	買いと空売り	大引け-大引け
125	1.95%	4.46	44.00%	MA(5)/MA(15)	買いと空売り	大引け-大引け
125	1.51%	4.46	49.60%	MA(5)/MA(15)	買いと空売り	寄り付き-寄り付き
116	1.49%	4.74	48.28%	MA(5)/MA(20)	買いと空売り	寄り付き-寄り付き
169	1.24%	3.15	44.38%	MA(3)/MA(15)	買いと空売り	大引け-大引け
169	1.17%	3.15	50.30%	MA(3)/MA(15)	買いと空売り	寄り付き-寄り付き
177	**1.14%**	**3.06**	**43.50%**	**MA(3)/MA(10)**	**買いと空売り**	**大引け-大引け**
177	1.07%	3.06	50.85%	MA(3)/MA(10)	買いと空売り	寄り付き-寄り付き

　買いも空売りも行う場合、3期間と10期間の移動平均線と大引けでの仕掛けと手仕舞いという組み合わせでは、平均損益は下から2番目になる。しかし、すでに分かっているように、この戦略は177トレードのシグナルが点灯しているので、これだけで判断はできない。ここではすべてのトレードを表にする代わりに、2万ドルの当初資金に対して、2012年8月31日現在の累積利益が8万5313.16ドルに達していたことを指摘しておけば十分だろう。あなたがこの戦略を用いていれば、3年半で口座の最終資金は2万ドル＋8万5313.16ドル＝10万5313.16ドルになっていた。それは当初資金の5倍以上だ！　次の表は先に示したものと似た月次リターンの表だ。

	2009	2010	2011	2012
1月		-0.58%	7.22%	15.74%
2月	0.00%	-7.78%	15.44%	0.49%
3月	-16.20%	20.38%	1.91%	22.70%
4月	-3.36%	-1.52%	16.14%	-3.57%
5月	17.18%	31.17%	3.20%	-1.31%
6月	-2.48%	2.38%	-5.27%	1.81%
7月	14.05%	12.73%	-12.80%	-2.31%
8月	-11.39%	3.08%	54.47%	1.54%
9月	3.13%	14.73%	-4.56%	
10月	-6.81%	10.38%	0.08%	
11月	2.85%	4.08%	-17.88%	
12月	9.35%	2.84%	9.23%	
合計	1.09%	129.91%	65.28%	37.16%

１年目はまったくさえず、わずか1.09％のリターンしかなかったが、長期的にはこの戦略のパフォーマンスは見事だった。あなたが自分に最もふさわしい戦略を選ぶときに、これらは考慮すべき重要なポイントである。

第5章 VXXのトレンドフォローを用いたオプションのトレード

Trading Options Using VXX Trend Following

　コナーズ・リサーチのトレード戦略シリーズでは、オプションの解説はどれもほぼ同じである。この戦略のセットアップではしばしば短期間の大きな動きを利用するからだ。私たちの考えや、オプションのプロトレーダーの友人たち（1人は30年以上の経験者）に確かめたことでは、こうした動きでトレードを行う最も良い方法がひとつある。

　オプションのトレードは、過去5年の間にマーケットで大きく成長した分野である。これは売買スプレッドが小さくなり、流動性が高まり、複雑なオプションをかつてないほど簡単にトレードできるようになったためである。

　では、これまで説明してきた相場の短期的な動きで、オプションをトレードする方法に焦点を合わせよう。この3部で述べる戦略すべてに言えるが、シグナルが点灯したときにオプションのトレードを行うには、明確なルールがある。

　データに基づいて言えることは、次のとおりだ。

1. 仕掛けから手仕舞いまでの期間の大半は非常に短かった（平均で、6～7取引日）。
2. 1トレード当たり平均利益は大きく、短期の標準的な値動きを大幅に超えていた。

3．それらの値動きのかなりの割合で利益が出た。

　私たちがこの種の値動きを見るとき、多くの戦略が考えられるが、ひとつの戦略が目立って良い（これは、プロトレーダーたちも認めている）。この戦略は、買いでは期近物のイン・ザ・マネーのコールを買い、空売りでは期近物のイン・ザ・マネーのプットを買う。
　なぜ、期近物のイン・ザ・マネーのオプションを買うのか？　それらが、対応するVXX自体に最も近い値動きをするからだ。そして、オプションが対応するVXXに近い動きをするほど、その動きが思惑どおりであれば、利益率が高くなるからだ。
　売買ルールは次のとおりだ。

1．買いのシグナルが点灯する。
2．期近のイン・ザ・マネーのコールを買う。通常、あるVXXを500口買っているのなら、コールを5枚買う（100口はコール1枚に等しい）。
3．そのVXXで手仕舞いのシグナルが点灯すれば、オプションを手仕舞う。
4．空売りのシグナルが点灯する。
5．期近のイン・ザ・マネーのプットを買う。通常、あるVXXを500口空売りするのなら、プットを5枚買う（100口はプット1枚に等しい）。
6．そのVXXで手仕舞いのシグナルが点灯すれば、オプションを手仕舞う。

　先を進めよう。

1．イン・ザ・マネーとは具体的に何を意味するのか？

ここでの場合、権利行使価格がイン・ザ・マネーとなる１つか２つ目のオプションという意味だ。そのVXXが今、48ドルであれば、40ドルか45ドルのコールを買うということになる。

2．どうして期近なのか？

保有期間が非常に短いので、満期日が最も近いオプションでトレードを行うほうがよいからだ。ただし、期近のオプション満期日から７取引日以内（つまり、第２木曜日の前かその近く）であれば、翌限月でトレードを行う。あなたが遅い移動平均線を利用するVXXのトレンドフォロー戦略を使っていて（平均トレード期間が長くなる傾向がある）のならば、オプションの残存日数が少なくとも15取引日はあることを確認しておいたほうがよい。

3．ポジションを取っていて満期日を迎えたが、VXXの売買シグナルがまだ有効であるときは、どうするか？

その場合は、次の限月に乗り換える。VXXのシグナルに合わせてトレードを行っているのなら、シグナルが有効であるかぎり、ポジションを取り続けたほうがよい。

4．流動性とスプレッドについてはどうだろう？

ここでは慎重さが要求される。オプションで流動性が正確に何を意味するかについて、明確なルールはない。例えば、トレード対象のVXXの流動性を、SPY（S&P500株価指数オプション）と比べてみよう。VXXと比べると、SPYは極めて流動性が高い。VXXもSPYも流動性があると考えられるが、VXXのオプションにはSPYほどの流動性はない。オプションが活発に取引されているのなら、売買スプレッドを見よう。オプションの気配値が買い3.00ドル、売り3.30ドルであれば、

スプレッドは10%である。本当に10%のスプレッドを克服して、利益を出せるだろうか？ それはありそうにない。では、気配値が買い3.25ドル、売り3.30ドルのオプションならどうだろう。これならずっと満足できて、取引可能だ。

５．VXXではなく、コールやプットを買う利点は何だろう？

流動性があり、スプレッドも小さければ、利点は次のように大きい。

1. 投資資金に対する収益が大きくなる可能性がある。
2. 縛られる資金が少なくて済む。
3. リスクにさらされる資金の比率が小さい。あるVXXの買いシグナルが50ドルで点灯すれば、最高で50ドルを失う可能性がある。しかし、オプションであれば、代金として支払うプレミアム以上は失わない。だから、45ドルのコールを買えば、リスクはプレミアムだけだ。
4. 柔軟性が大きい。例えば、あるVXXが50ドルで買いシグナルを発して、45ドルのコール代として5.50ドルを払ったとしよう。そのVXXがすぐに上昇すれば（56ドルとしよう）、そこで選択肢が生まれる。あなたは手仕舞ってもよいし、資金のほとんどを回収したうえで、50ドルのコールに乗り換えてもよい。価格がそのまま上昇し続けると思っているのなら、これはほとんどリスクなしのトレードになる。

このような例は無数にある。そして、この種の戦略を用いる機会に関しては、オプションに関するほとんどの本に載っている。しかし、特殊なオプション売買や、単にコールを買う以外のトレードは、私たちが質問をした多くの専門家のアドバイスに反する。

結論として、オプションはVXXそのものを買う代替の良い選択肢になる。私たちの戦略でのトレード法では、期近のイン・ザ・マネー

を使い、VXXでの通常のトレードと等しいサイズ（100口につき1枚のオプション）で仕掛けて、手仕舞いのシグナルが点灯したときに手仕舞う。

　多くの専門家の意見によると、このオプション戦略は、それらのシグナルで過去のデータを見たときに、最も優れていて最も効率的な戦略である。

第6章 終わりに

Additional Thoughts

1. この第3部で分かったように、VXXのトレンドフォロー戦略を一貫して用いれば大きなエッジがあることが、データで示された。

2. おそらくもっと重要なことだが、ポートフォリオの一部でこの戦略を別に使い続けていれば、複利効果でかなりの利益が得られたであろう。

3. 一貫してルールを当てはめるかぎり、自分が望むようにルールを変えられる。ひょっとしたら、買いと空売りでは別の移動平均線を使いたいかもしれない。あるいは、より速い移動平均線でより多くのトレードをするだけでなく、より遅い移動平均線で平均利益がより大きいトレードもしたいかもしれない。すべての組み合わせの性質や過去のパフォーマンスを調べて、自分のトレードスタイルに最も合うものを見つけてほしい。

4. 損切りのストップについてはどうだろうか（これに対する答えはすべての戦略ガイドブックに載せている）？
　　私たちは、『**コナーズの短期売買入門**』（パンローリング）を含めた出版物で、ストップ注文についてのリサーチ結果を発表して

きた。私たちが発見したことは、損切りのストップを置くとパフォーマンスが落ちやすく、多くの場合、エッジがまったく消えるということだった。たしかに、買った銘柄が下げ続けたときに、ストップ注文で損切りできれば気分が良い。一方で、多くの短期トレード戦略について最大20年の検証をした結果では、ストップ注文を置くと頻繁に損切りさせられて、非常に多くの損失が積み上がっていくことが示されている。ほとんどのトレード戦略は、こうした損失の蓄積を克服できない。

　多くのトレーダーは損切りのストップ注文を必ず置かなければならない。そうすることで、彼らは特に難しいトレードでも心理的に受け入れることができる。ストップ注文を使うかどうかは、自分で決めることだ。だが、概して言えば、ストップ注文を置くと、ここで紹介した戦略やほかの多くの短期戦略で得られるエッジは低くなる。繰り返すが、ストップ注文を置くかどうかは、あなた自身が決めるべきことだ。私たちはどちらの側にも成功したトレーダーがいることを知っている。

5．この検証では、1口当たり1セントの手数料がかかると仮定した。トレードでは手数料を考慮に入れて、取引費用が最低になるようにしよう。現在では、ほとんどの証券会社が1株当たり1セント以下で取引できる。だから、特にあなたが活発にトレードをするのなら、自分にふさわしい会社を選ぼう。オンライン証券会社はあなたと取引をしたがっている。

6．VXXのトレンドフォロー戦略で分かったように、VXXのようなボラティリティを取引する金融商品には大きなエッジがある。VXXの仕組みにある固有の弱点を利用し、値動きを数量化することで、私たちはかなりの利益を得ることができるのだ。

このコナーズ・リサーチ社のトレード戦略シリーズを楽しんでいただけたら幸いである。この戦略について質問があれば、info@connorsresearch.com に、遠慮なく電子メールを送っていただきたい。

第4部

ETFでのギャップトレード
——決定版

ETF Gap Trading : A Definitive Guide

第1章 ギャップトレードの簡単な歴史

A brief History Behind Gap Trading

　伝説的な研究者であり、プロトレーダーであるラリー・ウィリアムズは、1980年代初期に商品のトレード戦略を発表し、それを「ウップス」と名付けた。彼のリサーチの根底には、特に月曜日に下にギャップを空けて寄り付く商品は反転して上げる傾向がある、という基本的な考えがあった。彼はそこに統計的なエッジ（優位性）があることを発見した。

　彼がリサーチを発表して数年後の1990年に、当時は無名だったトービー・クレイベルという商品トレーダーが、『デイ・トレーディング・ウィズ・ショート・ターム・プライス・パターンズ・アンド・オープニング・レンジ・ブレイクアウト（Day Trading with Short Term Price Patterns and Opening Range Breakout）』という本を出版した。クレイベルはその本で、ギャップを含む多くの異なる価格パターンを調べて、それらのパターンを利用したときの過去のリターンを示していた。本が出版されると、私はそれをむさぼり読んだ。当時の私はまだDLJ証券で働いていて、自分でトレードをするという目標に向かっている最中だった。そのころ、信用できるトレード本はほとんどなく、数値データで裏付けられた戦略を紹介している本となると、さらに少なかった。私のようなトレーダーにとって、クレイベルの本を手にしたのは本当に幸運だった。彼は私たちの多くが目にしていたものを統

計で裏付けていた。すなわち、彼はチャート上で見られるパターンがトレードで使えるということを統計で証明してみせたのだ。彼はその後、世界最大級のCTA（商品取引顧問業者）を設立し、自分のリサーチに基づいて、過去20年にわたって変動が少なく一貫したリターンを上げ続けている。

私は特に1990年代に、幸運にもウィリアムズとクレイベルの2人と何度か会話をする機会に恵まれた。市場に対する私の考えについて、多くの下地を作ってくれた彼らを私は見習いたいと思っている。2人とも大衆とは逆のトレードに焦点を合わせることを好み、リスク管理が成功のカギだと考えている。そして、最も重要なことだが、2人とも自分たちのリサーチが統計による検証でしっかりと裏付けられていることに、信じ難いほどのこだわりを持っている。

私はこの戦略ガイドで、よく知られている戦略をひとつ（ギャップリバーサル）取り上げて、それをETF（上場投信）に適用し、少数のフィルターを追加して、2006～2011年にETFでのギャップがどういうパフォーマンスを見せるかを統計的に示すつもりだ。ラリー・ウィリアムズとトービー・クレイベルが商品市場で20年前に発見したように、ギャップリバーサルはETF市場でも有効だということが分かるだろう。ギャップを空けたあとのリバーサル（反転）で利益を狙う戦略はトレーダーが真剣に考慮すべき優れた戦略であり、それを示す統計的に有力な証拠がある。

私が経営するリサーチ会社では、ETFでのギャップを6年間にわたって調べた。この期間には2006、2007年と2009、2010年の強気相場、2008年の極端な弱気相場、2011年の横ばい相場が含まれている。3種類の非常に異なる相場が含まれているので、この戦略がどれほど有効かを検討するのに、これ以上にふさわしい期間はおそらく望めないだろう。私たちは上へのギャップ、下へのギャップ、レバレッジを掛けていないETFでのギャップ、レバレッジ型ETFでのギャップ、イン

バース型ETFでのギャップを調べた。この調査は、流動性がある何百銘柄ものETFで行った（過去21取引日に、平均で25万口以上の出来高があり、1日当たりの出来高が最低でも5万口あるすべてのETF）。私たちはこれらのギャップによるセットアップがどのようなパフォーマンスを示したかを、多くの異なる手仕舞いを使って示すつもりだ。それらの手仕舞いには、日中の手仕舞い（デイトレード）、一般的な移動平均線の上と下で引けたときの手仕舞いのほかに、買ったその日に高値引けしただけの場合をも含めている。

　ETFがトレーダーにとって頼りになるトレード手段になった過去6年間に、ETFにおけるギャップリバーサルを利用するトレードで、一貫して利益を上げることができた。読者はこのリサーチでその検証結果を目にするだろう。

第2章 ギャップとは何か？

What is a Gap?

　この章は、主としてトレード初心者のために書かれている。ギャップがどういうものかをすでに知っている読者はここを飛ばして、統計結果を説明し始める第3章に移ってもらいたい。

　ギャップを簡単に言えば、ある銘柄の当日の始値が前日の高値よりも高いか、前日の安値よりも安い状態である。

　例えば、ETFの昨日の高値と安値が56.04ドルと55.28ドルとすれば、今日のETFが56.04ドルを上回るか、55.28ドルを下回って寄り付けば、ギャップが生じる。始値には時間外取引は含まれない。始値はほとんどの場合、米国東部標準時で午前9時30分に、主要証券取引所が寄り付きで初めて示す当日の価格だ（さまざまな状況のために、数分遅れで寄り付く証券もときどきある）。肝心なことは、ギャップでは、昨日の高値を上回って寄り付く（上にギャップを空ける）か、昨日の安値を下回って寄り付く（下にギャップを空ける）ということだ。

　寄り付きでギャップを空けた2つのチャート例を見よう。最初は上へのギャップの例だ。

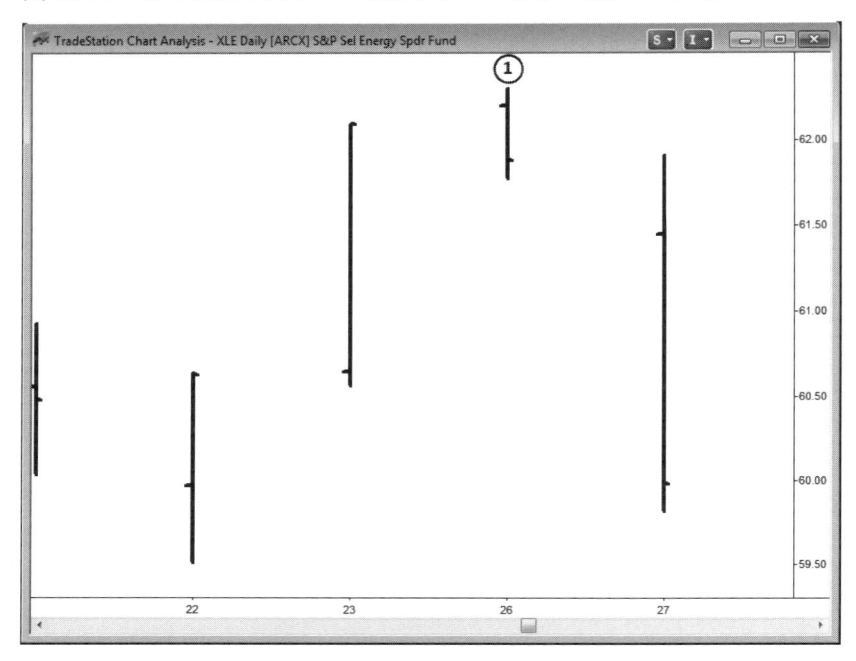

図4.2.1　SPDRエネルギー・セレクト・セクターETF（XLE）

1．このETFは前日の高値を上回って寄り付いている。これがギャップの1例だ。

次は下へのギャップの例だ。

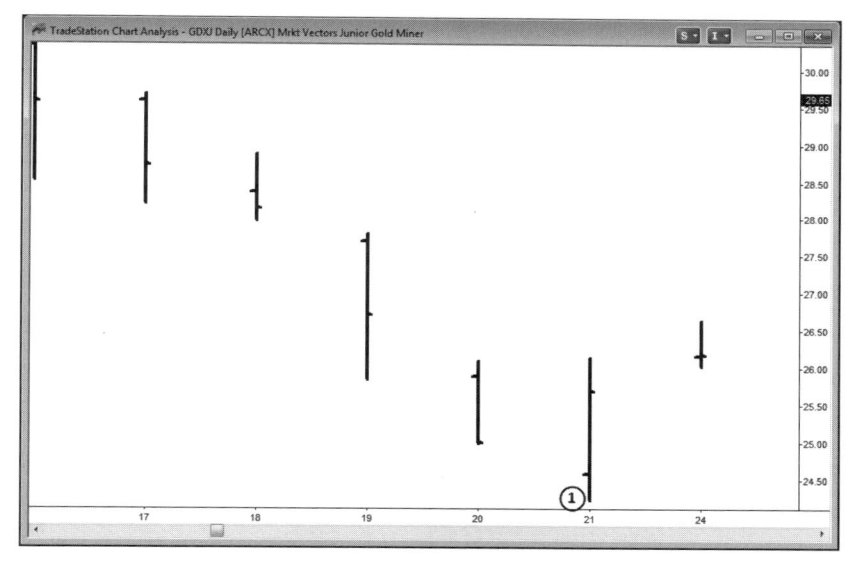

図4.2.2　マーケット・ベクターズ・ジュニア金鉱株ETF（GDXJ）

1. このETFは前日の安値を下回って寄り付いている。これがギャップのもうひとつの例だ。

この時点で、私たちは上方と下方のギャップの例を２つ見た。ほとんどのトレード本では、そうしたギャップ後のトレードを１つか２つ示すだけで、「信用してほしい、これはうまくいく」と書かれている。たしかに、それが正しいこともときどきあるが、検証してみると、たいていはうまくいっていない。これから私たちは、一般的なオシレーターをフィルターとして使いながら、2006～2011年に生じたETFでのすべてのギャップを見て、それらでのトレードがどういうパフォーマンスを示したかを調べる。５年以上にわたって、それらのセットアップを調べることで、エッジ（優位性）が存在したかどうかや、エッジがどれほど大きかったかを統計的に見ることができる。
　それでは調査結果に移ろう。最初は下にギャップを空けたETFのうちで、流動性があるものすべてを見ることにする。

第3章 下へのギャップで買い、上へのギャップで空売りをする

Buying Lower Gaps and Shorting Higher Gaps

　下にギャップを空けたらどんな銘柄でも買うという戦略は、数十年前から使われている。そうしたギャップで買って、その後のどこかで手仕舞うという手法は、トレーダーが繰り返し行ってきた。

　その手法だけでうまくいく、と言えるといいのだが、残念ながらそれは事実に反する。株のギャップリバーサルだけでは、たいした利益は得られないし、ETFの場合ではなおさらだ。

　それでは、どういうときにギャップリバーサルで利益が得られたのだろうか？　ETFがすでに売られ過ぎだったあとに、さらにギャップを空けたときだ。

　ほとんどのトレーダーは、ギャップを空けただけでトレードをする。ひょっとすると、彼らはわずかだが、利益を得るかもしれない。だが、下へのギャップを空けた日にエッジを得る真のカギは、ETFがすでに売られ過ぎになったあとに買うことだ。そうすれば、売られ過ぎのETFが手に入るし、それが下にギャップを空けるときには、さらに売られ過ぎになる。そこで、真のエッジが効き始めるのだ。

　私たちはひとつの単純なフィルターを加えて、前日にETFの2期間RSIが5以下であることを条件にする（2期間RSIの説明については、第1部の付録を参照）。

　2003年以来、統計を示しながら説明してきたように、2期間RSIは

証券が買われ過ぎか売られ過ぎかを判断するための最も有力なオシレーターのひとつだ。多くの相場ソフトの初期設定では、RSIは14期間になっている。しかし、計測期間を短くして、特に2期間まで下げるほうがはるかに役に立つ。私たちは10年近く前にこれを発見し、それについてさまざまな機会に書いてきた。特に、『**コナーズの短期売買入門**』（パンローリング）で詳しく述べている。すぐに分かるように、この指標はトレード戦略を改善するうえで、非常に効果がある。

ETFでのギャップトレードにおける私たちのルールは、次のとおりだ。

1. 私たちは2006～2011年の期間で、過去21取引日（1カ月）に、平均で25万口以上の出来高があり、1日当たりの出来高が最低でも5万口あるすべてのETFを調べた。こうしたのは、流動性のあるETFだけを調べるためだ。
2. 今日のETFでの2期間RSIの値が5以下で引ける。これで、ETFが売られ過ぎというシグナルになる（この水準を極端な売られ過ぎと見る人もいる）。
3. 翌日に、下にギャップを空けて寄り付けば（つまり、翌日の始値が今日の安値よりも安ければ）、寄り付きでETFを買う。
4. あとの章ではいくつかの手仕舞いポイントを見ていくつもりだが、ここでの検証では、ETFが3期間移動平均線を上回って引けたら、大引けで手仕舞うことにする。

これは単純な戦略だ。ルールは4つしかない。凝ったものは何もないし、証券取引所のデータを共同利用するために必要な高性能コンピューターも、極めて少数の人にしか理解できない数学を使い年収が40万ドル（に、ボーナス）の博士号修得者も不要だ。これは非常に単純

な手法である。証券会社かプロップファーム（自己勘定のトレード会社）のトレーダーであれ、自分のお金を運用している人であれ、だれもが使える手法だ。

この検証結果は次のとおりだ。

トレード数	平均損益	平均保有日数	勝率	手仕舞い法	始値の何％上に指値を置くか	買いか空売りか
2,170	1.17%	2.13	72.07%	終値＞3期間移動平均線	0%	買い

6年で、2170回のトレードができた（年平均で約350トレード）。
ここで注目すべき点をいくつか挙げておこう。

1. 結果が真にランダムであるとすれば、トレードの約50％（±2～3％）は高く引けているはずだ。だが、これら4つの単純なルールに従うと、検証ではトレードの72.07％が高値引けしている。
2. 1トレード当たり平均利益は1.17％で、かなりのエッジがあった（1トレード当たり平均利益は、すべての勝ちトレードからすべての負けトレードを引いて計算するので、全トレードを含んでいる）。
3. 平均保有期間はわずか2.1日である。これは、月曜日に買えば、平均して水曜日か木曜日の終値で手仕舞うことを意味する。過去データでは、この短期間で得られるリターンは非常に良かった。バイ・アンド・ホールド戦略で資金を何年も縛る必要はない。ギャップリバーサル戦略を取ると、2006～2011年に素早く一貫したリターンが得られた。

では、この戦略で空売りをした場合を見よう。これは、前日の高値よりも上にギャップを空けて寄り付くという意味だ。検証では、相場が大きく下げた年が１回あった（2008年）が、実際には、S&P500はこの６年のうち５年で上げている（2006年、2007年、2009年、2010年、2011年）。大半の日に高値引けしていた時期に、ETFを空売りするのは極めて難しいと思うだろう。しかし、それにもかかわらず、空売りでも毎年、利益が出た（2008年のように、世界の大半でお金が失われていた下落相場の年には、特にそうだった）。

　それでは、上へのギャップで空売りした場合を見ることにしよう。
　今、言ったように、S&P500は検証をした６年のうち５年で上昇した。最初にこの戦略を考えたとき、この時期の相場はずっと上昇していたので、空売り側でのエッジはほとんどないと思っていた。実際には、空売りでもエッジがあると分かって、うれしい驚きとなった。もちろん、このエッジは買いのときほど大きくはないが、この戦略を買いと組み合わせて、ひとつの戦略を作れるほど大きなエッジだと、私たちは考えている。

　このルールは次のとおりだ。

1．まず、過去21取引日（１カ月）に、平均で１日当たり25万口以上の出来高があり、どの日の出来高も最低で５万口以上あるすべてのETFを調べた。こうするのは流動性のあるETFだけを調べるためだ。
2．今日のETFでの２期間RSIの値は95を上回って引ける。これは、ETFが買われ過ぎだというシグナルになる（この水準を極端な買われ過ぎと見る人もいる）。
3．翌日に、上にギャップを空けて寄り付けば（つまり、翌日の始値が今日の高値よりも高ければ）、寄り付きでETFを空売りする。
4．あとの章でいくつかの手仕舞いポイントを見ていくつもりだが、

第3章　下へのギャップで買い、上へのギャップで空売りをする

　ここでの検証では、ETFが3期間移動平均線を下回って引けたら、大引けで手仕舞うことにする。

　検証結果は次のとおりだ。

トレード数	平均損益	平均保有日数	勝率	手仕舞い法	始値の何％上に指値を置くか	買いか空売りか
2,939	0.35%	2.40	63.01%	終値＜3期間移動平均線	0	空売り

　ここで注目すべき点をいくつか挙げておこう。

1．検証した6年のうちの5年で上昇相場だったため、買いよりも空売りのほうで、多くのセットアップが形成された。
2．勝率は63％以上だった。
3．1トレード当たり平均利益は0.35％で、エッジは小さかった（次章で、このエッジを高める方法を示すつもりだ）。
4．平均保有日数は約2.4日で、今回も保有期間は短くて済む。

　次章ではエッジを高める方法を示すつもりだが、空売りでも、多少であれエッジがあったという事実は知っておいたほうがよい。相場は、特に強気相場のときには確実に買われ過ぎになるので、そのときに空売りでも利益を出せると、総リターンを増やせるだけでなく、長期的に見てリターンの変動を和らげる役目も果たす。そして、市場が弱気相場（特に長引く弱気相場）に転じたときに、空売りで利益を得られるようにしておいたほうがよい。
　それでは、次の2つの章の情報を利用して、さらにエッジを高めよ

う。

第4章 指値注文を使ってギャップで買う ── 良い戦略をさらに改善する

Buying Gaps on Limits–Making a Good Strategy Even Better

　過去データでは、短期のリバーサル戦略でリターンを高める最も良い方法のひとつは、日中にさらに押したところで買うことだ。つまり、ETFがギャップを空けて下げるだけでなく、日中にさらに下げたところで買いを目指すという意味だ。

　この手法には多くの長所とひとつの大きな短所がある。

　短所は、さらに安く買うことを目指すので、指値まで届かずに、寄り付きからそのまま上げることも多いということだ。

　しかし、指値で買うことの利点は大きい。過去データでは、1トレード当たり平均利益が大きくなるだけでなく、勝率も高くなり、同じ日に多くのETFでギャップが生じたときでも、より良いフィルターで投資対象を絞り込めるからだ。人によって、寄り付きで買いたい人も、指値を入れて買いたい人もいるだろう。ここで紹介する戦略では、すべての人が何かしらの手法を利用できる。

　ほとんどのトレーダーや研究者は、前日の終値と今日の始値との差でギャップの大きさを見る。これはETFで下にギャップを空けたら、前日の終値よりも例えば2％下で買うという意味だ。この例で、ETFが前日に20.00ドルで引けたと仮定して、19.60ドル以下で寄り付けば、指値注文が執行される（20.00ドル×2％＝40セント。20.00ドル－40セント＝19.60ドル）。

だが、私たちは指値について別の見方をする。私たちは前日の終値ではなく安値よりも下にギャップが生じたときに、始値よりも１％か２％下で買いたい。ギャップを空けたら、ETFはさらに売られるだろうからだ。ほとんどのトレーダーや研究者はこうはしない。そして、過去データではこの手法のほうが利益が大きくなるので、競争で優位に立てる。

例えば、ETFが下にギャップを空けて、30ドルで寄り付くと仮定しよう。すると、30ドルの２％は60セントなので、指値は29.40ドルに置くことになる。指値注文はすべて、当日限りの注文とする。約定しなければ、注文は当日の大引けで失効する（こうなるように、「当日限り注文」を出す）。

それでは、下にギャップを空けて寄り付いたときに、指値注文を入れてトレードを行うと、どういうリターンが得られるだろうか？ 2006～2011年の検証結果でそれを見ることにしよう。

まず、始値よりも１％下に指値を置いて買う場合だ。

トレード数	平均損益	平均保有日数	勝率	手仕舞い法	始値の何％下に指値を置くか	買いか空売りか
1,284	2.37%	2.23	73.60%	終値＞3期間移動平均線	1%	買い

1．2006～2011年に、下にギャップを空けたあと、寄り付きから１％以上、下げたETFで、流動性があったものは1284銘柄あった。
2．終値が３期間移動平均線を上回ったときに手仕舞うと、このシグナルの73.60％で利益が得られた。１トレード当たりの平均利益は2.37％と、２倍以上になる（ギャップを下に空けたときの始値で買う場合の1.17％と比べた場合）。１トレード当たり平均利益

はかなり大きくなり、下にギャップを空けた日中に、さらに下で買うほうが賢明であることが分かる。

次に、始値よりも2％下の指値で買う場合を見よう。

トレード数	平均損益	平均保有日数	勝率	手仕舞い法	始値の何％下に指値を置くか	買いか空売りか
769	3.83%	2.15	76.72%	終値>3期間移動平均線	2%	買い

1. この戦略では、始値やそこから1％下の指値で買うのではなく、銘柄をもっと選別して、ETFが日中にさらに売られ過ぎになるまで待つ。そのために、指値注文を寄り付きよりも2％下に置く。
2. エッジはさらに大きくなる。1トレード当たり平均利益は、3.83％に跳ね上がる。これはギャップを下に空けたときに、単に寄り付きで買う場合よりも3倍以上のリターンになる。
3. 3期間移動平均線を使って手仕舞うと、トレードの76.72％で利益が得られた。
4. 指値注文をさらに下に入れるので、トレード数は減るが、1トレード当たり平均利益がかなり増えることで相殺される。シグナルの点灯は減るが、実際に点灯すると、利益は平均して非常に大きくなる。

空売りでも、同じ結果が得られる。仕掛けの指値を上に離して置くほど、エッジは大きくなる。

次は、上にギャップを空けて寄り付いたときに、さらに1％上に指値を入れた場合の、空売りの結果だ。

トレード数	平均損益	平均保有日数	勝率	手仕舞い法	始値の何％上に指値を置くか	買いか空売りか
882	1.01%	2.52	68.48%	終値<3期間移動平均線	1%	空売り

1．1トレード当たり平均利益は指値を使わない場合の0.35％に比べて、1.01％まで増える。
2．勝率は68.48％に上昇する。

　それでは、上にギャップを空けて寄り付いたときに、さらに2％上に指値を入れて空売りをしたときの結果を見よう。

トレード数	平均損益	平均保有日数	勝率	手仕舞い法	始値の何％上に指値を置くか	買いか空売りか
305	2.18%	2.42	70.82%	終値<3期間移動平均線	2%	空売り

1．ここでは、大きな違いが出る。上にギャップを空けたときに、寄り付きよりも2％上での指値を使って空売りをすると、1トレード当たり平均利益は指値を使わないときよりも6倍以上大きくなる。また、寄り付きよりも1％上に指値を入れた場合の2倍以上のリターンである。これはかなりの大きさだ。
2．勝率は70％以上に跳ね上がる。

　それでは、買いと空売りで指値を使った場合のセットアップ例を見よう。

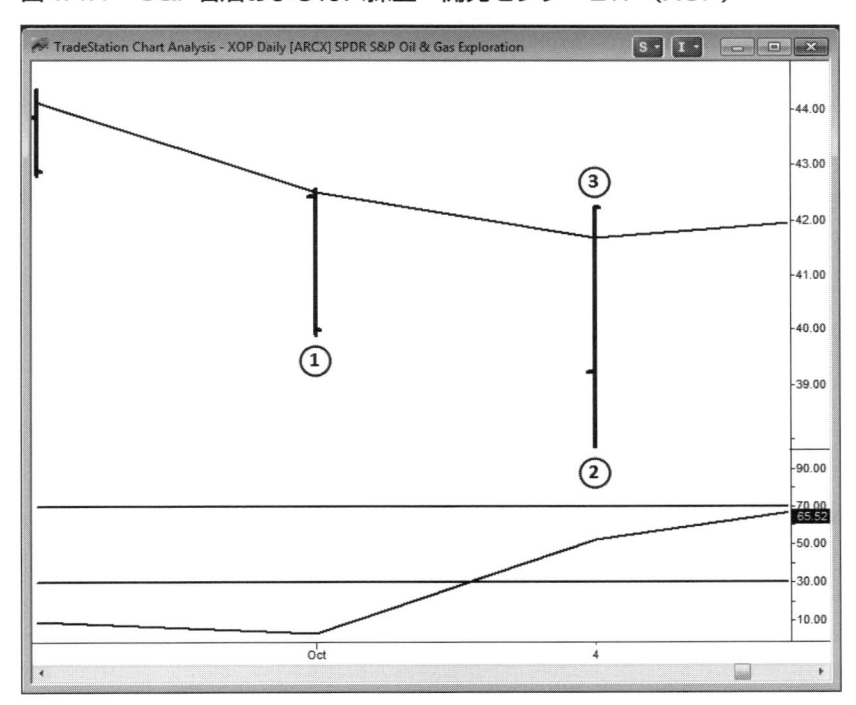

図4.4.1 S&P石油およびガス探査・開発セクターETF（XOP）

1. XOPの2期間RSIの値が5を下回る。
2. このETFは翌日にギャップを空けて下げたあと、さらに売られ過ぎになり、買い指値注文が執行される。
3. 日中に反転して上昇し、3期間移動平均線よりも上で引けたので、終値で利食うための手仕舞い注文が執行される。

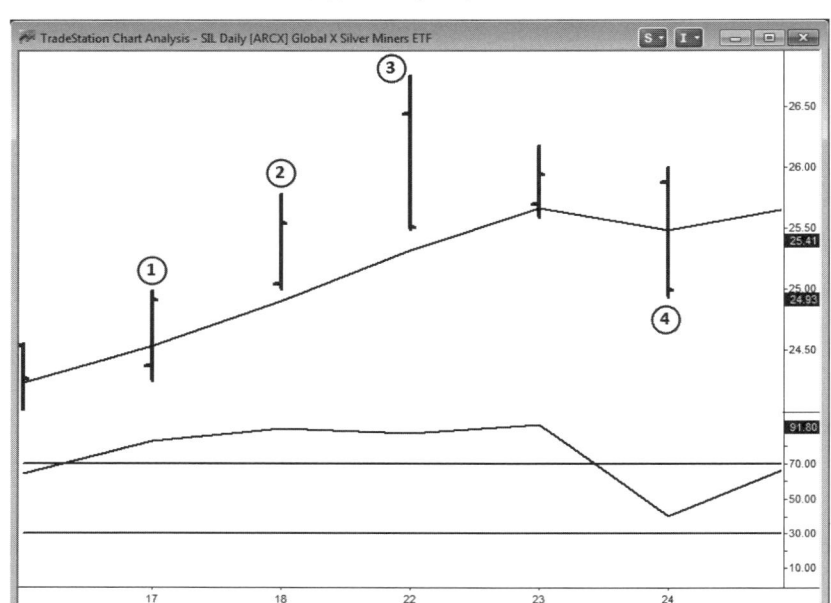

図4.4.2　グローバルX銀鉱株ETF（SIL）

1. 2期間RSIの値は95を超えていないので、この日にセットアップは形成されていない。
2. 2期間RSIの値が95を超えて引ける。
3. 上にギャップを空けたあと、さらに上昇して、空売りの指値注文が執行される。その後に反転して下げる。
4. 2日後に大きく下げたので、利食う。

まとめ

　今や、ETFのギャップを使って仕掛けるときの水準はひとつではなくなった。

　トレードを積極的に行う人なら、下にギャップを空けて寄り付いたときか、そのわずか下で買うだろう。トレードを忍耐強く行う人なら、もっと売られ過ぎになると見て、ETFが日中にさらに下げるまで待ってから買うだろう。

　自分に最も適した仕掛け水準を選ぼう。最高のプロトレーダーは素晴らしい戦略を持っているだけでなく、特定の相場で最も心地よくトレードできるように戦略を変えていくから、優れているのだ。

　それでは、ギャップリバーサル戦略の柔軟性をさらに高めるために、この戦略で手仕舞う複数の方法を見ることにしよう。

第5章 ギャップリバーサルで手仕舞う

Exiting Gap Reversals

　いつ手仕舞うべきかは、いつ仕掛けるべきか以上にとは言わないまでも、同じくらい重要だと、多くのプロトレーダーが認めている。
　この章では、ETFでのギャップリバーサル戦略で使った5つの手仕舞い法を見ていく。これら5つの手仕舞い法は次のとおりだ。

- 仕掛けと同じ日に手仕舞う（デイトレード）。
- 終値で初めて上げた日に手仕舞う。
- ETFが3期間移動平均線を上回って引けるときに手仕舞う。
- ETFの2期間RSIの値が50を超えて引けるときに手仕舞う。
- ETFの2期間RSIの値が70を超えて引けるときに手仕舞う。

仕掛けと同じ日に手仕舞う（デイトレード）

　仕掛けと同じ日の手仕舞いは単純なデイトレードだ。買って（または、空売りをして）、大引けで手仕舞えばよい。
　この方法の利点は、ポジションを翌日に持ち越すリスクをとる必要がないところだ。その日の大引けにはポジションを解消するので、夜間や週末に何が起きるかを気にしなくて済む。
　不利な点は、ギャップを空けたあとに反転すると、その動きは続きやすいため、デイトレーダーはしばしば、より大きな利益を得る機会

を犠牲にして、早く手仕舞うことになるところだ。

　この戦略ガイドを通じて述べているように、唯一のトレード法など存在しない。トレード法はたくさんある。そのため、どのスタイルが自分にとって最もふさわしいかを、自分で決めることができる。

終値で初めて上げた日に手仕舞う

　ある株が前日よりも高く引けたら手仕舞うという考えに私たちが初めて出合ったのは、伝説的なトレーダーであり、研究者でもあるラリー・ウィリアムズの著作を通じてであった（この点に関しては私たちが書いたほかの本で述べている。この手仕舞い戦略はすべてラリー・ウィリアムズの功績によるものだ）。

　この手仕舞いの検証結果は常に喜ばしい驚きをもたらす。極めて単純で洗練されていて、検証結果は非常に良いのに、ほかのトレーダーはめったに使わない。そのため、あまりにも多くのトレーダーが同時に動くせいで、思いどおりの手仕舞いができなくなるといった事態に陥らないで済むのだ。

　この手仕舞い法は、次のとおりだ。

　前日の終値が20ドルのときにそのETFを買うと仮定し、終値で初めて上げた日に手仕舞う。

　この場合、買う前日（1日目）にETFは20ドルで引ける。

　その翌日（2日目）に、ETFがギャップを空けて寄り付き、19.50ドルで買う。その日に20ドルを上回って引けたら、手仕舞う。

　2日目は19.10ドルで引けたので、手仕舞わなかったと仮定しよう。その場合は3日目まで持ち越して、その日の大引けが19.11ドル以上になっていれば手仕舞う（これは初めて、上げて引ける日だ）。

ETFが3期間移動平均線を上回って引けるときに手仕舞う（空売りでは、3期間移動平均線を割って引けるとき）

私たちはこの手仕舞いを好んでいる。これも、単純で素早い手仕舞い戦略だ。ETFが３期間移動平均線を上回って引けるまで待つだけでよい。この手仕舞い法は効果的で、ETFでのギャップリバーサルを含む多くの戦略で、非常に良い検証結果が得られることが多い。

ETFの２期間RSIの値が50を超えて引けるときに手仕舞う（空売りでは、50を割って引けるとき）

2003年に、私たちは http://www.tradingmarkets.com/ のウェブサイトで、２期間RSIを利用したトレード法を紹介した。また、その後の10年間に、それに関するおびただしい調査を発表した。

２期間RSIについて知らない人は、付録に簡単な説明がある。また、私たちの著書『コナーズの短期売買入門』（パンローリング）では、さらに詳しい情報が得られる。

この手仕舞いでは、ETFの２期間RSIの値が50を超えて引けるときまで待つ。先を読めば、この手仕舞いは３日移動平均線を利用する手仕舞いと、大まかに言って同じだと分かるだろう。

ETFの２期間RSIの値が70を超えて引けるときに手仕舞う（空売りでは、30を割って引けるとき）

この手仕舞いは、ETFがさらに同じ方向に動く余地を残すために、リスクをもう少しとって、ポジションを長めに持つ気があるトレーダー向きの手法だ。この手法では、トレーダーはほかのフィルターを重ねて使い、ポジションを長めに持つことができる。

では、これらの手仕舞いの検証結果を、平均損益の高いほうから並べて比べよう。

トレード数	平均損益	平均保有日数	勝率	始値の何%上に指値を置くか	手仕舞い法
757	4.67%	4.95	74.64%	2%	RSI2>70
766	4.29%	2.76	75.98%	2%	RSI2>50
769	3.83%	2.15	76.72%	2%	C>MA3
782	3.32%	1.41	77.37%	2%	First Up Close
1,257	2.91%	5.02	72.71%	1%	RSI2>70
1,279	2.88%	2.84	75.61%	1%	RSI2>50
1,284	2.37%	2.23	73.60%	1%	C>MA3
1,315	2.06%	1.40	72.55%	1%	First Up Close
861	0.86%	0	55.17%	2%	Day Trade
1,493	0.60%	0	53.85%	1%	Day Trade

RSI2=2期間RSI、C=終値、MA3=3期間移動平均線、First Up Close=終値で初めて上げた日、Day Trade=デイトレード

次に、空売りの結果を見よう。

トレード数	平均損益	平均保有日数	勝率	始値の何%上に指値を置くか	手仕舞い法
299	2.45%	5.53	71.57%	2%	RSI2<30
304	2.35%	3.13	72.04%	2%	RSI2<50
305	2.18%	2.42	70.82%	2%	C<MA3
307	1.84%	1.53	71.99%	2%	First Down Close
853	1.15%	5.88	68.35%	1%	RSI2<30
872	1.01%	3.49	67.20%	1%	RSI2<50
882	1.01%	2.52	68.48%	1%	C<MA3
896	0.86%	1.66	66.96%	1%	First Down Close
331	0.67%	0	58.61%	2%	Day Trade
1,017	0.25%	0	51.23%	1%	Day Trade

RSI2=2期間RSI、C=終値、MA3=3期間移動平均線、First Down Close=終値で初めて下げた日、Day Trade=デイトレード

買いでも空売りでも、最も優れた手仕舞いは、終値で2期間RSIを使う場合だ。私たちが見た唯一の欠点は、より極端なRSIの値（70、30）では、ほかの手仕舞いよりも保有期間が長くなり、資金が少しばかり長く縛られるところだ。ここで、あなたは何を達成したいかを決める必要がある。素早く手仕舞って新しくポジションを取りたいのか、

それとも、もう少し逆行を許したいのかだ。

　決めるのはあなただ。自分に最もふさわしいと感じる手法を決めるには、統計結果を利用すればよい。

第6章 レバレッジ型ETFを使い、ギャップリバーサルでトレードをする

Trading Gap Reversals on Leveraged ETFs

　レバレッジ型ETFが数年前に市場に導入されると、それらは瞬く間にプロトレーダーの人気になった。レバレッジ型ETFの出来高は、特に2008年から2009年前半までの大暴落のときに急増し、その人気は今日も続いている。

　レバレッジ型ETFの検証結果を見る前に、何点か指摘しておきたい。

1. レバレッジ型ETFはレバレッジを使わないETFよりも全体としてリスクが高い。自分にふさわしいものかどうかは、自分で判断しなければならない。
2. すべてのレバレッジ型ETFが等しく作られているわけではない。使われているレバレッジは、2倍のものも3倍のものもある。検証では、2倍のETFも3倍のETFも含めて、流動性があるレバレッジ型ETFをすべて対象にした。しかし、明らかに、それらはすべてリスクが大きくなっているし、銘柄によってリスクの大きさには差がある。
3. 初期には、特に2006～2007年には流動性があるレバレッジ型ETFは多くなかった。それらに人気が出始めたのは2008年になってからだ。検証結果は2006～2011年のものだが、より最近の年に比重が大きくなっている点に注意してほしい。

検証結果は次のとおりだ。

1. 私たちは2006〜2011年に取引されていたレバレッジ型ETFをすべて見て、流動性で絞り込んだ。ETFは過去21取引日（1カ月）に、平均で1日当たり25万口以上の出来高があり、どの日の出来高も最低で5万口以上あることを条件にした。これによって、流動性があって簡単にトレードできるETFだけになった。
2. レバレッジ型ETFの2期間RSIの値が5以下になる。これは売られ過ぎのシグナルになる（これを極端な売られ過ぎと見る人もいる）。
3. 翌日に下にギャップを空けて寄り付けば（つまり、翌日の始値が今日の安値よりも安い）、寄り付きでそのレバレッジ型ETFを買う。
4. 検証結果ではさまざまな手仕舞いポイントを用いて見ていく。

次は、下にギャップを空けたときに買った場合の検証結果である。

トレード数	平均損益	平均保有日数	勝率	手仕舞い法
226	3.45%	2.73	76.55%	RSI2>50
222	3.36%	4.57	75.68%	RSI2>70
226	2.24%	2.15	74.34%	C>MA3
233	1.89%	2.27	71.24%	First Up Close
279	0.69%	1.00	58.42%	Day Trade

RSI2＝2期間RSI、C＝終値、MA3＝3期間移動平均線、First Up Close＝終値で初めて上げた日、Day Trade＝デイトレード

分析

1. トレード数はレバレッジを使わないETFよりも少ない。これはレバレッジ型ETFのほうが銘柄数が少ないためである。

2．レバレッジ型ETFの1トレード当たり平均利益は非レバレッジ型ETFの平均利益よりもかなり高い。

次は買いの場合の具体例だ。

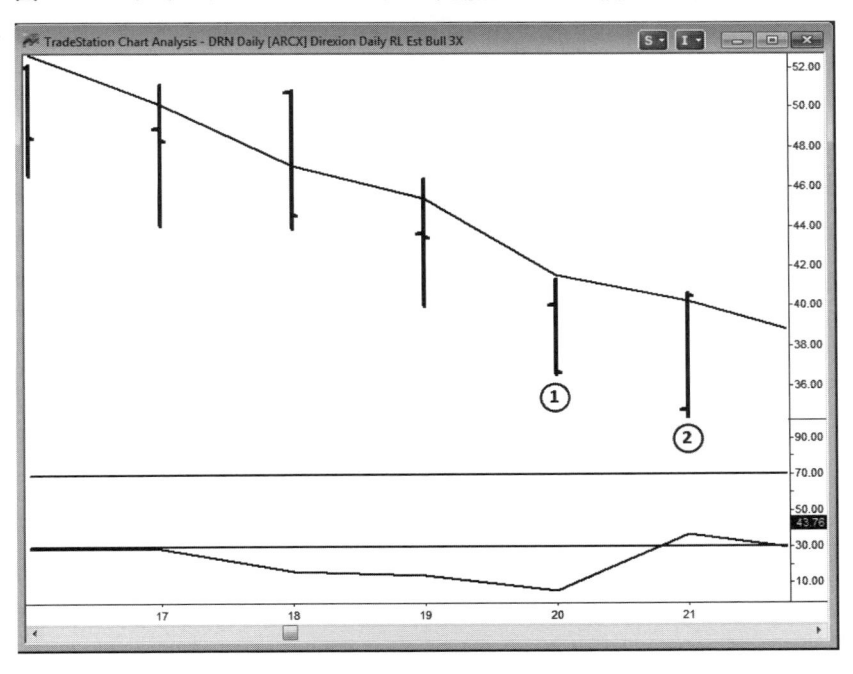

図4.6.1　ディレクション・デイリー不動産・ブル3倍ETF（DRN）

1．このレバレッジ型ETFの2期間RSIの値は5を下回っている。
2．翌日に下にギャップを空けたので、買い注文が執行された。その直後に反転して3日移動平均線よりも上で引けたので、そこで利食いをする。

次は空売りのルールだ。

1. 私たちは2006～2011年に取引されていたレバレッジ型ETFをすべて見て、流動性で絞り込んだ。すなわち、過去21取引日（1カ月）に、1日平均で25万口以上の出来高があり、どの日も最低5万口以上取引されていることを条件にした。これによって、流動性があって、簡単にトレードできるETFだけが残った。
2. レバレッジ型ETFの2期間RSIの値が95以上になる。これは買われ過ぎのシグナルになる（これを極端な買われ過ぎと見る人もいる）。
3. 翌日に上にギャップを空けて寄り付けば（つまり、翌日の始値が今日の高値よりも高い）、寄り付きでレバレッジ型ETFを空売りする。
4. 検証結果はさまざまな手仕舞いポイントを用いて見ていく。

では、レバレッジ型ETFを、ギャップを利用して空売りしたときのリターンを見よう。

トレード数	平均損益	平均保有日数	勝率	手仕舞い法
343	0.96%	2.31	64.43%	C<MA3
332	0.79%	5.22	65.06%	RSI2<50
315	0.76%	5.79	66.03%	RSI2<30
358	0.68%	1.46	62.29%	First Down Close
471	0.33%	0	51.17%	Day Trade

RSI2＝2期間RSI、C＝終値、MA3＝3期間移動平均線、First Down Close＝終値で初めて下げた日、Day Trade＝デイトレード

1. すでに見てきたように、空売りでのエッジは買いでのエッジよりも小さかった（6年のうち5年が上昇相場だったことが原因の可能性が高い）。

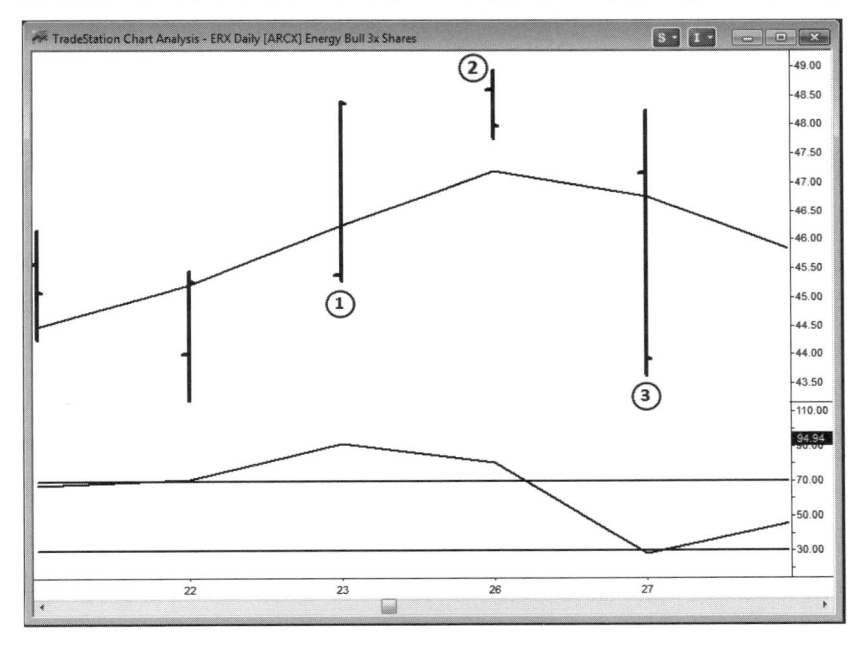

空売りの具体例を２つ見ておこう。

図4.6.2　ディレクション・デイリー・エネルギー・ブル３倍ETF（ERX）

1．ERXの２期間RSIの値が95を超える。
2．翌日に、前日の高値よりも上で寄り付いて、空売り注文が執行される。
3．その翌日に、急な反落が起きたので、終値で利食う。

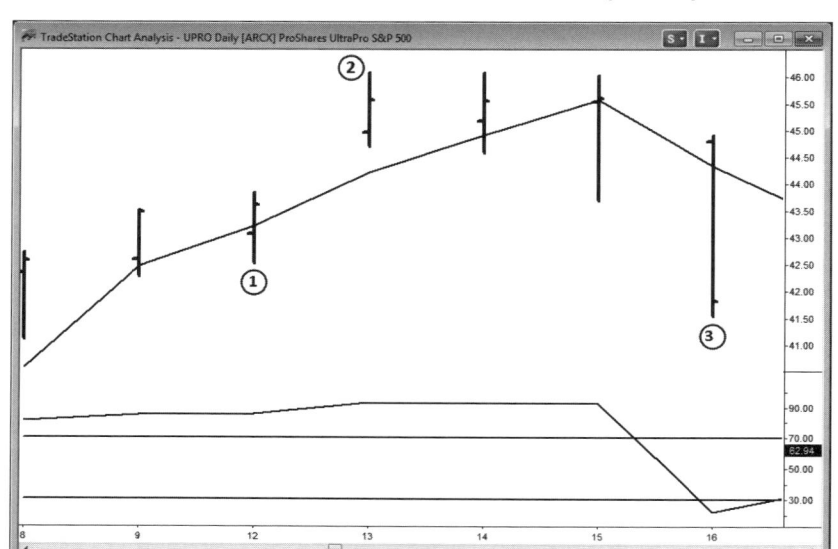

図4.6.3　プロシェアーズ・ウルトラプロS&P500（UPRO）

1. UPROはレバレッジ型ETFで、その2期間RSIは95を超えている。
2. 翌日に上にギャップを空けて上昇して、空売り注文が執行される。
3. 3日後に、3日移動平均線を割って引けて、手仕舞いシグナルが点灯したときに利食いする。

次は、指値を入れてレバレッジ型ETFを買う場合を見よう。

トレード数	平均損益	平均保有日数	勝率	始値の何％下に指値を置くか	手仕舞い法
126	5.52%	2.85	73.02%	2%	RSI2>50
125	4.94%	3.11	69.60%	2%	RSI2>70
126	4.78%	2.24	74.60%	2%	C>MA3
175	4.00%	2.86	74.29%	1%	RSI2>50
171	3.64%	4.81	72.51%	1%	RSI2>70
129	3.15%	1.57	70.54%	2%	First Up Close
175	2.85%	2.27	73.14%	1%	C>MA3
180	2.26%	1.45	67.78%	1%	First Up Close
213	0.91%	0	57.75%	1%	Day Trade
142	0.34%	0	50.70%	2%	Day Trade

RSI2＝2期間RSI、C＝終値、MA3＝3期間移動平均線、First Up Close＝終値で初めて上げた日、Day Trade＝デイトレード

分析

ここでは、非常に良い数字が出ている。

1．1トレード当たり平均利益は、この戦略全体で最も高い。
2．1トレード当たり平均利益が4.5％以上の手仕舞い法は3種類ある。これはETF（あるいは、どの証券でも）にとって、極めて大きなエッジである。

空売りでのギャップリバーサル

検証結果は次のとおりだ。

トレード数	平均損益	平均保有日数	勝率	始値の何%上に指値を置くか	手仕舞い法
115	2.48%	3.26	71.30%	2%	RSI2<50
115	2.34%	2.56	69.57%	2%	C<MA3
110	1.96%	6.11	67.27%	2%	RSI2<30
115	1.90%	1.57	70.43%	2%	First Down Close
199	1.10%	2.79	65.33%	1%	C<MA3
196	1.05%	3.64	62.76%	1%	RSI2<50
205	0.87%	1.71	64.39%	1%	First Down Close
127	0.64%	0	58.27%	2%	Day Trade
185	0.62%	6.68	65.95%	1%	RSI2<30
244	0.22%	0	50.82%	1%	Day Trade

RSI2＝２期間RSI、C＝終値、MA３＝３期間移動平均線、First Down Close＝終値で初めて下げた日、Day Trade＝デイトレード

レバレッジ型ETFを空売りした場合の分析

１．私たちは、弱気相場（S&P500が200日移動平均線を下回っているとき）では、この戦略が非常にうまくいくと強く思っている。特に完全な下落相場に入ったときには、かなりの利益になる可能性がある。

まとめ

　レバレッジ型ETFでギャップリバーサルを利用したトレードを行うと、かなりのエッジがあることが、2006～2011年のデータで示された。このエッジはレバレッジ効果によって非常に大きくなっていた可能性が高い。これがレバレッジの魅力のひとつである。

　これらのETFは利益に対しても損失に対しても影響が大きいので、トレードを行う前に慎重に、しっかりと判断をしてもらいたい。しかし、全体としては、ここには統計的に見てトレーダーが利用できる相当のエッジがある。

第7章 ETFのギャップでオプションをトレードする

Trading Options with ETF Gaps

　コナーズ・リサーチのトレード戦略シリーズでは、オプションの解説はどれもほぼ同じである。この戦略のセットアップではしばしば短期間の大きな動きを利用するからだ。私たちの考えや、オプションのプロトレーダーの友人たち（1人は30年以上の経験者）に確かめたことでは、こうした動きでトレードを行う最も良い方法がひとつある。

　オプションのトレードは、過去5年の間にマーケットで大きく成長した分野である。これは売買スプレッドが小さくなり、流動性が高まり、複雑なオプションをかつてないほど簡単にトレードできるようになったためである。

　では、これまでに学んできた相場の短期的な動きを利用して、オプションをトレードする方法を見ていこう。ここでの戦略すべてに言えるが、シグナルが点灯したときにオプションのトレードを行うには、明確なルールがある。

　データに基づいて言えることは、次のとおりだ。

1. 仕掛けから手仕舞いまでの期間の大半は非常に短かった（2～6取引日）。
2. 1トレード当たり平均利益は大きく、短期の標準的な値動きを大幅に超えていた。

3．それらの値動きのかなりの割合で利益が出た。

　私たちがこの種の値動きを見るとき、多くの戦略が考えられるが、ひとつの戦略が目立って良い（これは、プロトレーダーたちも認めている）。この戦略では、期近物のイン・ザ・マネーのコールを買う（空売りのシグナルが点灯すれば、プットを買う）。

　なぜ、期近物のイン・ザ・マネーのコールを買うのか？　それらが、対応するETF自体に最も近い値動きをするからだ。そして、オプションが原資産のETFに近い動きをするほど、その動きが思惑どおりであれば、利益率が高くなるからだ。

　売買ルールは次のとおりだ。

1．シグナルが点灯する。
2．期近のイン・ザ・マネーのコールを買う。通常、ある銘柄を500口買っているのなら、コールを5枚買う（100口はコール1枚に等しい）。
3．そのETFで手仕舞いシグナルが点灯すれば、オプションを手仕舞う。

　先を進めよう。

1．イン・ザ・マネーとは具体的に何を意味するのか？

　ここでの場合、権利行使価格がイン・ザ・マネーとなる1つか2つ目のオプションという意味だ。原資産のETFが今、48ドルであれば、40ドルか45ドルのコールを買うということになる。

2．どうして期近なのか？

保有期間が非常に短いので、満期日が最も近いオプションでトレードを行うほうがよいからだ。ただし、期近のオプション満期日から7取引日以内（つまり、第2木曜日の前かその近く）であれば、翌限月でトレードを行う。

3．ポジションを取っていて満期日を迎えたが、そのETFの売買シグナルがまだ有効であるときは、どうするか？

その場合は、次の限月に乗り換える。原資産のETFのシグナルに合わせてトレードを行っているのなら、シグナルが有効であるかぎり、ポジションを取り続けたほうがよい。

4．流動性とスプレッドについてはどうだろう？

ここでは慎重さが要求される。オプションで流動性が正確に何を意味するかについて、明確なルールはない。例えば、トレード対象であるETFの流動性を、SPY（S&P500株価指数オプション）と比べてみよう。ETFと比べると、SPYは極めて流動性が高い。優良なETFもSPYも流動性があると考えられるが、ETFのオプションにはSPYほどの流動性はない。

オプションが活発に取引されているのなら、売買スプレッドを見よう。オプションの気配値が買い3.00ドル、売り3.30ドルであれば、スプレッドは10％である。本当に10％のスプレッドを克服して、利益を出せるだろうか？　それはありそうにない。では、気配値が買い3.25ドル、売り3.30ドルのオプションならどうだろう。これならずっと満足できて、取引可能だ。

5．ETFではなく、コールオプションを買う利点は何だろう？

流動性があり、スプレッドも小さければ、利点は大きい。

1．投資資金に対する収益が大きくなる可能性がある。

2．縛られる資金が少なくて済む。
3．リスクにさらされる資金の比率が小さい。原資産のETFの買いシグナルが50ドルで点灯すれば、最高で50ドルを失う可能性がある。しかし、オプションであれば、代金として支払うプレミアム以上は失わない。だから、45ドルのコールを買えば、リスクはプレミアムだけだ。
4．柔軟性が大きい。例えば、原資産のETFが50ドルで買いシグナルを発して、45ドルのコール代として5.50ドルを払ったとしよう。そのETFがすぐに上昇すれば（56ドルとしよう）、そこで選択肢が生まれる。あなたは手仕舞ってもよいし、資金のほとんどを回収したうえで、50ドルのコールに乗り換えてもよい。価格がそのまま上昇し続けると思っているのなら、これはほとんどリスクなしのトレードになる。

　このような例は無数にある。そして、この種の戦略を用いる機会に関しては、オプションに関するほとんどの本に載っている。しかし、特殊なオプション売買や、単にコールかプットを買う以外のトレードは、私たちが質問した多くの専門家のアドバイスに反する。

　結論として、オプションはETFそのものを買う代替の良い選択肢になる。私たちの戦略でのトレード法では、期近のイン・ザ・マネーを使い、ETFでの通常のトレードと等しいサイズ（100口につき1枚のオプション）で仕掛けて、ETFで手仕舞いのシグナルが点灯したときに手仕舞う。

　多くの専門家の意見によると、このオプション戦略は、それらのシグナルで過去のデータを見たときに、最も優れていて最も効率的な戦略である。

第8章 ギャップリバーサルで実際にETFをトレードする

Trading ETF Gaps Reversals in the Real World

ここで注を追加して、読者のトレードに役立つようにしておこう。

1. 検証結果は、検証した6年で条件を満たした全ETFのギャップを見ている。だが、実際には、すべてのETFをトレードできる人はだれもいない。したがって、ここで紹介した戦略でトレードをするときには、この点を覚えておく必要がある。

2. S&P500のような指数のETFも、セクターや特に商品のETFも、非常に多くが重なり合っている。ひとつの不動産ETFでギャップが生じると、セクター内のほかの多くのETFでも同時にギャップが生じる可能性が高い。そのため、この点を意識しておき、ギャップが同時に生じたら、同一セクターのあらゆるETFを買おうとするのではなく、最も人気と流動性があるETFに焦点を合わせることだ。そんなことは常識だと思うかもしれない。だが、驚くことに、最も洗練されたファンドや企業が、相関が高いひとつの資産クラスやセクターで過大なポジションを取っているという話を読んだり聞いたりする。この点は、元ゴールドマン・サックスのCEO（最高経営責任者）で、元ニュージャージー州知事のジョン・コーザインが経営していたMFグローバルの話を知っておけば十分だろう。報道では、コーザインと彼のチームは欧州

の国債に大きく賭けていた。彼らはその国債のトレードで、会社と顧客の資金を10億ドル以上も消失させた。たしかに、ひとつを集中的にトレードして思惑どおりに動けば、大変な利益になる。だが、反対方向に動けば、話はまったく変わる。読者は分別を働かせる必要がある。セクター内のすべてで同時にギャップが生じたからといって、そのセクターのすべてのETFを買う必要はない。1つか2つで十分だ。

3．ポジションサイズは重要である。MFグローバルが「すべてをつぎ込んで」、損失を出したのと同じように、1つの証券に、あるいは1つの戦略にすら、資金のすべてをつぎ込むトレードも同じ目に遭う。

　　分散をして、1つのポジションがポートフォリオのごく一部しか占めないようにしよう。事前にトレード計画を書き出しておき、けっして「すべてをつぎ込む」ことがない資金管理が慎重な戦略であり、私たちはそうするように強く勧める。

4．手数料は重要である。そのため、可能なかぎり手数料が最も安いところでトレードを行うことだ。特に、活発にトレードをするのなら、いろいろと比較をしよう。証券会社は今や個性を失い、どこも大差がなくなっている。確かめるべきことは、トレードを執行するうえで信頼ができて、自分にとって取引手数料が最も安いかどうかだ。

5．市場には、新しいETFが次々と登場している。それらが、ここで行った検証の条件を満たす多くのETFと異なる動きをするかどうかは、時がたたないと分からない。しかし、検証した年は強気相場のあとに弱気相場、その後に横ばい相場（2011年）が続いた。そこで見たETFは多くの非常に異なる相場つきを経験している。そして、初めに述べたように、ギャップトレードには数十年の歴史がある。ここでは、ギャップトレードがETFでもうま

くいくことを、統計に基づいて示した。その戦略や考え方は依然として有効である。
6. トレードにふさわしいギャップを見極めるカギは、最も売られ過ぎ（買いの場合）や最も買われ過ぎ（売りの場合）のETFを見つけることだ。この手法にとって、2期間RSIの値はとても重要だ。それに加えて、日中の指値でさらに大きな利幅を狙うと、エッジをもっと高めることができる。ここで学んだように、ギャップ、RSI、指値の組み合わせは強力な戦略になる。

あなたがこのリサーチと戦略から何かを得てくれたことを望む。

第5部

コナーズ RSI に基づくレバレッジ型 ETF のトレード

Trading Leveraged ETFs With ConnorsRSI

第1章 レバレッジ型ETF

Leveraged ETFs

　レバレッジ型ETFは、過去数年の間にますます一般的になっている。2006年には、株式に連動するレバレッジ型ETFはほんのわずかしかなかった。しかし、2007年末には50銘柄を超えていて、この文章を書いている時点では130銘柄を超えている。この第5部の目的は、これらの金融商品をトレードするための明確で定量化された戦略を示すことである。

　私たちが「ETF」という言葉を使うときには、ETF（上場投信）とETN（指標連動証券）の両方を指している。読者はおそらく知っていると思うが、ETFが追跡しているのは、金などの商品、農作物などの商品バスケットの指数、幅広い銘柄を追跡するS&P500などの指数、金融などのセクター、日本やブラジルなどの特定の国や「新興国市場」などの経済圏の経済だ。しかし、この第5部では、株式ETFに焦点を合わせる。コモディティ（商品）に連動するETFはすべて検証対象から外している。また、ボラティリティ指数に連動するVXXやXIV、UVXYのような新型のETFも除外している。商品やボラティリティに連動するETFは、複数銘柄の株式を追跡するETFとは著しく異なる動きを見せることが分かっているからだ。これは、株式を直接に追跡するETFであろうと、S&P500などの指数を追跡するETFであろうと変わりない。

株式ETFに共通する特徴は、それぞれの企業に特有のリスクの多くが分散投資によって取り除かれやすい点だ。投資対象を分散することで、ETFのリターンは平準化する、つまり価格の変動は小さくなりがちになる。言い換えると、レバレッジを掛けないETFの多くはゆるやかな値動きをする傾向があるため、短期間でかなりのリターンを上げることは難しいということだ。

　レバレッジ型ETFは、日次ベースで原資産の指数の２倍か３倍のリターンを上げるように設計され、運用されている。例えば、SPX（S&P500指数）が今日、0.75％上昇すれば、SSO（プロシェアーズ・ウルトラS&P500ETF）の価格はほぼ２倍の1.50％上昇するだろう。インバース型でレバレッジ型のETFは、日次ベースで指数の反対方向に動き（「インバース」の部分）、リターンは原資産の指数の２倍か３倍に等しい動き（「レバレッジ」の部分）になるように設計されている。例えば、RUT（ラッセル2000指数）が今日、0.75％下落すれば（－0.75％の値動き）、ディレクション・デイリー・スモール・キャップ・ベア・３×シェアーズの価格は約３倍の2.25％上昇するだろう。

　ここまでの説明で、「日次ベースで」と言っているところに注目してほしい。レバレッジが２倍のETFは、レバレッジを掛けないETFの２倍のパフォーマンスを何日も続けて示すと誤解している人が多い。しかし、原資産の指数がある方向に動いたあとで反対方向に動く状況を想像してみれば、そうはならないことがすぐに分かる。ここでは例として、原資産の指数にSPXを、SPXを厳密に追跡する非レバレッジ型ETFとしてSPY（S&P500ETF）を、２倍のレバレッジを用いるETFとしてSSOを使おう。１日目にSPXが２％上昇して、２日目に２％下落すると仮定する。では、２つのETFがどういうパフォーマンスを示すかを見よう。

1日目のSPYの始値　　100.00ドル
SPXの変化　　　　　 2％
SPYの変化　　　　　 2％
1日目のSPYの終値　　100ドル×1.02％＝102.00ドル

1日目のSSOの始値　　100.00ドル
SPXの変化　　　　　 2％
SSOの変化　　　　　 4％
1日目のSSOの終値　　100ドル×1.04％＝104.00ドル

2日目のSPYの始値　　102.00ドル
SPXの変化　　　　　－2％
SPYの変化　　　　　－2％
2日目のSPYの終値　　102ドル×98％＝99.96ドル

2日目のSSOの始値　　104.00ドル
SPXの変化　　　　　－2％
SSOの変化　　　　　－4％
2日目のSSOの終値　　104ドル×96％＝99.84ドル

　両者の差は極めて小さいが、上昇後に下落すると、レバレッジ型ETFはレバレッジを掛けていないETFよりもわずかにパフォーマンスが劣ることが分かる。原資産である指数のボラティリティ（変動率）が大きいときには、レバレッジ型ETFのほうが速く利益が損なわれていくので、時がたつにつれて両者の差は歴然としてくるだろう。これをできるだけ避けるためのカギは、主として自分のトレード方向に価格が動いていて、複利効果がプラスに働くときにレバレッジ型ETFをトレードすることだ。

この第5部で紹介する、コナーズRSIに基づくレバレッジ型ETFのトレード戦略では、最も望ましいセットアップの見つけ方を説明する。また、最適な保有期間を決める役にも立つだろう。私たちは仕掛け、買い下がり、手仕舞いの詳細なルールを示す。さらに、過去の検証結果も示しているので、全般的なトレード計画を補うのに最もふさわしい変数の組み合わせを選ぶことができるだろう。以降の章では、レバレッジ型ETFのトレード戦略のうちで、検証期間の90％以上で利益が得られた変数を紹介する。それらは1トレード当たり10％以上の利益をしばしば生み出した。想像できるように、この戦略をトレードツールに加えると効果を発揮するだろう。

　実際の戦略の説明に移る前に、コナーズRSIについて説明しておきたい。そうすれば、戦略ルールを紹介するときに理解が一層深まるからだ。

第2章 コナーズRSI

The ConnorsRSI Indicator

　1990年代半ばから、ラリー・コナーズとコナーズ・リサーチ社は数量化されたトレード戦略の開発、検証、出版をしてきた。この間、私たちはさまざまなテクニカル指標を数多く検討して、将来の値動きをどれほど効果的に予測できるかを評価してきた。私たちはさらに一歩を進めて、コナーズRSIという指標を考案した。この章では、その指標について述べて、計算法を詳しく説明する。

　コナーズRSIは3つの要素を合成した指標である。3つの要素のうちの2つは1970年代にウエルズ・ワイルダー・ジュニアが考案したRSI（相対力指数）の計算法を利用している。そして、3つ目の要素は最近の値動きを0～100の尺度でランク付けする。これら3つの要素を合わせると、モメンタムオシレーターになる。つまり0～100の間を変動する指標で、ある証券が買われ過ぎの水準（高い値）にあるか、売られ過ぎの水準（低い値）にあるかを示す。

　コナーズRSIの計算法について述べる前に、ワイルダーのRSIについて説明しておこう。RSIは非常に有用で人気があるモメンタムオシレーターで、計測期間における上昇幅と下落幅を比較する。ワイルダー自身は14期間が理想的な計測期間だと信じていた。私たちは14期間RSIを簡単に表すために、しばしばRSI（14）と記す。次の公式では、一連の値動きでのRSI（14）を計算している。

RSI = 100 − 100 ÷ （1 + RS）

RS = 平均上昇幅 ÷ 平均下落幅

平均上昇幅 =［(平均上昇幅) ×13 + 今日の上昇幅］÷14
平均上昇幅 = 過去14期間で上昇した日の上昇幅の合計 ÷ 14

平均下落幅 =［(平均下落幅) ×13 + 今日の下落幅］÷14
平均下落幅 = 過去14期間で下落した日の下落幅の合計 ÷ 14

注 =「下落」も絶対値で示される
RS = X日間で上昇した日の値幅の平均
　　　　　　÷ X日間で下落した日の値幅の平均

　RSIを任意の期間（N）で計算したければ、上の公式の14をNにして、13をN−1にする。計算にどういう期間を使おうと、結果は常に0～100の値を取る。RSI（14）を使うトレーダーは通常、値が70以上だと買われ過ぎとみなし、30以下だと売られ過ぎとみなす。

　これまでの私たちのリサーチによると、RSIは計測期間を短くするほど、短期の値動きを効果的に予測できる。私たちはRSI（2）を利用する多くの戦略や、RSI（3）とRSI（4）を使ういくつかの戦略を発表してきた。期間を変えると、買われ過ぎや売られ過ぎの状況を最もよく示すRSIの水準も変わる。例えば、RSI（2）では通常、10以下が売られ過ぎの指標として信頼できるし、90以上であれば買われ過ぎの良いベンチマークになる。

　それでは、コナーズRSIに戻ろう。すでに述べたように、コナーズ

RSIは3つの要素を合わせた指標であり、想像できるように、それらはすべて私たちのリサーチでかなりの予測力があることが繰り返し示されている。

価格のモメンタム　すでに述べたように、RSIは価格のモメンタム、すなわち、買われ過ぎと売られ過ぎの水準を測る優れた指標である。コナーズRSIの初期設定では、証券の日次ベースでの終値を使って3期間RSIを計算する。私たちはこの値をRSI（終値、3）と記す。

上昇・下落トレンドの期間　ある銘柄の今日の終値が昨日の終値よりも安いとき、「下げて引けた」と言う。さらに、昨日の終値が一昨日の終値よりも安かったら、終値は2日「連続で」下げている。私たちのリサーチによると、連続して下げる期間が長いほど、株価が平均に戻るときに大きく上げやすい。同様に、連続して上げる期間が長いほど、株価が平均回帰するときに大きく下げる。連続期間は事実上、買われ過ぎ・売られ過ぎの指標のひとつと言える。

　問題は、理屈上は上昇や下落の連続日数に限界がないということだ。もっとも、過去の経験に基づいて現実的な上限や下限を決めることはできるだろう。例えば、20日以上続けて上昇や下落したことはほとんどなかったと分かるかもしれない。しかし、それでも、典型的なオシレーターのように、0～100の間を変動する値にはできない。

　これに対する解決法は2段階に分かれる。まず、連続した日数を数えるときに、上昇が続いたときにはプラスの値、下落が続いたときにはマイナスの値を使う。

　では、簡単な例で説明しよう。

日付	終値	コナーズRSI（3、2、100）
1	$20.00	
2	$20.50	1
3	$20.75	2
4	$19.75	-1
5	$19.50	-2
6	$19.35	-3
7	$19.35	0
8	$19.40	1

　２日目の終値は１日目の終値よりも高いので、連続の上昇となる。３日目も再び上げて引けたので、２日連続の上昇となり、連続期間の値は２になる。４日目の終値は下げたので、連続の下落となる。上昇ではなくて下落なので、連続期間の値はマイナス（－１）になる。５～６日目も下落が続いたので、連続期間の値は－２と－３になる。７日目の終値には変化がないので、連続期間の値は０になり、終値が上昇も下落もしなかったことを示す。最後の８日目は終値が上昇したので、連続期間の値は１になる。

　解決法の次の段階では、連続期間の値を使ってRSIの計算を行う。初期設定では、コナーズRSIはこの部分の計算に２期間RSIを使い、RSI（連続、２）と表示する。すると、連続して上昇するほど、RSI（連続、２）の値は100に近づく。逆に、連続して下落するほど、RSI（連続、２）の値は０に近づく。これで、０～100という同じ尺度を使う、RSI（終値、３）とRSI（連続、２）の２つの要素が得られた。これらから、評価したい銘柄が買われ過ぎか売られ過ぎかの見通しが得られる。

価格変化の相対的な順位　コナーズRSIの３つ目の要素では、前日の価格変化と比べた今日の価格変化の順位を見る。そのために、パーセントランクの計算を用いる。これは「百分率」と呼ばれることもある。パーセントランクの値は基本的に、計測期間において現在の値がそれよりも小さい値から何パーセントの位置にあるかを示す。

　この計算では、金額ではなく前日の終値との変化率を測る。この上昇率か下落率は通常、前日比騰落率と呼ばれている。例えば、昨日の終値が80.00ドルで今日の終値が81.60ドルだったら、前日比騰落率は、（81.60ドル − 80.00ドル）÷ 80.00ドル = 0.02 = 2.0％になる。

　パーセントランクを計算するためには、計測期間を決める必要がある。そして、計測期間で現在の値よりも小さい値の数を、値の全数で割ると、パーセントランクの値が求められる。例えば、計測期間が20日ならば、今日の2.0％の上昇率を、直近20日のそれぞれの前日比騰落率と比較する。それらの値のうちで、３つが2.0％に満たないとする。その場合、パーセントランクの計算は次のようになる。

　　パーセントランク = 3 ÷ 20 = 0.15 = 15％

　コナーズRSIで使うパーセントランクの計測期間は100を初期設定にしていて、パーセントランク（100）と記す。私たちは今日のリターンを直近100のリターン、あるいは約５カ月の過去の値動きと比較している。繰り返すが、上昇率が大きいほど、パーセントランクの値は100に近くなる。そして、下落率が大きいほど、パーセントランクの値は０に近くなる。

　コナーズRSIの最後の計算は、これら３つの要素の平均を求めるだけだ。そこで、初期設定のパラメータを使うと、次の公式が得られる。

コナーズRSI（3、2、100）＝［RSI（終値、3）
　　　　　　　　　＋RSI（連続、2）＋パーセントランク（100）］÷3

　結果として得られる指標は非常に強力で、3つの要素を単独で使うよりも効果的だ。また、ほとんどの場合、それら3つの要素を独立して組み合わせるよりも効果がある。
　では、レバレッジ型ETFのトレード戦略におけるルールに移ろう。

第3章 レバレッジ型ETFのトレード戦略のルール

Leveraged ETF Strategy Rules

　コナーズ・リサーチが発表するトレード戦略にはすべて、仕掛けと手仕舞いのための詳細で数量化されたルールが含まれている。それらについて、少し述べておこう。コナーズRSIに基づくレバレッジ型ETFのトレード戦略では、買い下がりの考え方も利用する。これによって、価格が安く魅力的になるほど、ポジションサイズを増やすことができるのだ。この手順はルールを説明したあとに述べることにする。

　コナーズRSIに基づくレバレッジ型ETFのトレード戦略では、仕掛けのルールは次のとおりだ。私たちは次の条件のすべてが当てはまる日の終値かそれに近い価格で、レバレッジ型ETFを買う。

1．過去21日（1取引月）での1日の平均出来高が少なくとも25万口あること。
2．過去21日の1日の最低出来高が少なくとも5万口あること。
3．大引けで、レバレッジ型ETFのコナーズRSI（3、2、100）の値はX以下であること。ここで、X＝4、6、8、10、15、20のいずれかを使う。

　私たちは次の条件が満たされたときに買い下がる。

4．今日の終値が前回に仕掛けた価格よりも安い。

　最後に、私たちは次の手仕舞い基準のうちのひとつを選んで、手仕舞う。

5a．コナーズRSI（3、2、100）が大引けで60よりも大きい。私たちはこの条件を通常、次のように略す。コナーズRSI＞60。
5b．コナーズRSI＞70
5c．コナーズRSI＞80
5d．終値での3日移動平均線をその日の終値が超える。私たちは通常、この条件を次のように略す。終値＞移動平均線（3）。
5e．終値＞移動平均線（5）

　各ルールをもう少し詳しく見て、どうしてそれらを戦略に含めるのか説明しておこう。
　ルール1とルール2によって、売買スプレッドが狭くてすぐに売買できる、非常に流動性の高いETFを仕掛けることができる。
　ルール3によって、下げて売られ過ぎになったETFを特定することができる。私たちのリサーチによると、コナーズRSIの値が低いほど、ETFが再び上昇するときの上げ幅は大きくなる。
　ルール4によって、ETFが売られ過ぎになったときにポジションサイズを増やして、トレードの勝率を大幅に向上させることができる。この戦略での基本的な目標は、ETFが下げたときに買い、上げたときに売ることだ。これはしばしば平均回帰と呼ばれる現象を利用したトレードである。どんな戦略を用いようと、その時期の最安値を常に正確に特定することなどできない。だが、平均回帰を利用する優れた戦略であれば、常に最安値近くで買うことができる。

ルール３によって、ETFの終値での最安値近くで買うことができると私たちは考えている。しかし、買ったあとに一段安になれば、買い増して平均価格を下げる。トレードをまだ続けている間にさらに下げたら、再び買い増して平均価格を下げる。これは買い下がりと呼ばれる手法だ。

　買い下がりを利用する戦略を使うときには、私たちは事前に買う口数の比率を選んでおき、それに従って計画を立てるようにしている。コナーズRSIに基づくレバレッジ型ETFの戦略では、次の比率を検証した。

- 1/0（買い下がりはなし —— 最初の仕掛けで全ポジションをとる）
- 1/1
- 1/1/1/1
- 1/2/3/4
- 1/2/3/4/5

　どの場合でも、最初の数字は最初に買う口数の比率を表す。その後の数字は買い下がりの相対的な割合だ。それらはETFの値動き次第で実行することもあれば、しないこともある。例を２つ見ておこう。

　最初の例では、1/1の比率で買い下がる。例えば、１口20ドルのETFを300口買ったと仮定しよう。それが最初のポジションである。２日後に、ETFの価格が19ドルに下がった。1/1の買い下がりでは、最初の買い下がり（すなわち、２回目の仕掛け）は最初の仕掛けと同じ口数になるべきなので、ETFをさらに300口買う。これで、１口当たりの平均価格は次のようになる。

　　［（300×20ドル）＋（300×19ドル）］÷600＝１口当たり19.50ドル

私たちは事前に1/1の比率で買い下がると決めているので、ETFの価格がその後にどう変化しようと、それ以上は買わない。

　2番目の例では、1/2/3/4の比率で買い下がる。最初のポジションでは1口30ドルで100口を買うとしよう。その翌日に、ETFの価格は29ドルで引けたとする。1/2/3/4の買い下がりでは、最初の買い下がり（2回目の仕掛け）は最初のポジション数の2倍であるべきなので、ETFを100×2＝200口買う。私たちは今、合計300口を保有していて、1口当たりの平均価格は次のようになる。

　［(100×30ドル) ＋ (200×29ドル)］ ÷300＝29.33ドル

　3日後に再び下げて、28ドルになる。次の買い下がりは最初のポジションの3倍であるべきなので、28ドルで300口を買う。これで、保有する600口の平均価格は次のようになる。

　［(100×30ドル) ＋ (200×29ドル) ＋ (300×28ドル)］ ÷600＝28.67ドル

　その翌日に、価格が上昇して手仕舞いのシグナルが点灯したので、最後の買い下がりをすることなく手仕舞う。

　次に移る前に、買い下がりで考えておくべき点がもうひとつある。資金管理の観点から最も望ましいのは、取る予定のどのポジションでも、買い下がりのための資金をすべて使い切るつもりでいることだ。例えば、どのポートフォリオにも、レバレッジ型ETFに5000ドルずつ配分することになっていて、1/1の比率で買い下がるのならば、最大で2回の仕掛け（最初の仕掛けと1回の買い下がり）をすることが分かっている。そのため、最初のポジションでは約2500ドルを投資すべきである。買い下がりの投資では、2500ドルをわずかに下回るだろ

う。同じ口数を安い価格で買うことになるからだ。

　では、1/2/3/4の比率で買い下がりをしている場合を考えてみよう。この５回の仕掛けをすべて実行すれば、あなたは合計で、１＋２＋３＋４＋５＝15「単位」のトレードをすることになる。ひとつのトレードに5000ドルを配分するとすれば、最初の仕掛けは5000ドルの約15分の１で、約333.33ドルになる。最初の買い下がりは666ドルを少し切り、その次の買い下がりは999ドルを少し切るだろう。どこまで買い下がるかは事前には分からないので、この買い下がりの最初の仕掛けでは必ず、割り当てた資金の15分の１しか使うべきではない。

　ルール５は明確な手仕舞い法を提供している。数量化され、体系だっていて、規律がある手仕舞いのルールを持つ戦略はほとんどない。ルール５で示した手仕舞いの明確な変数は、過去６年の検証結果で裏付けられたものだ。買い下がりのときと同じく、私たちはどの手仕舞い法を使うかを事前に決めておき、トレードでそのルールを一貫して用いる。

　典型的なトレードがチャートでどう見えるかを確かめておこう。この例では、コナーズRSIの値が10を割ったときに仕掛け、買い下がりはしない。そして、コナーズRSIが70を超えて引けたときに手仕舞う。

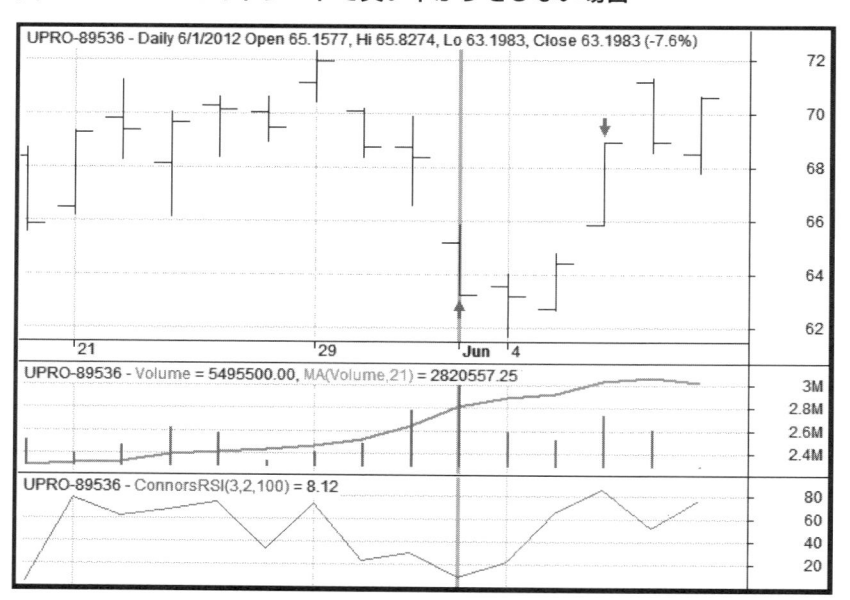

図5.3.1　UPROのトレードで買い下がりをしない場合

　上のチャートはプロシェアーズ・ウルトラプロS&P500という名前の２倍レバレッジ型ETFで、銘柄コードはUPROである。チャートの上段が日足である。そして、縦線は現在選ばれている日で、上向きの矢印は仕掛け日である。下向きの矢印は手仕舞い日を示す。中段は出来高を示し、折れ線は出来高の21日移動平均線を示す。下段はコナーズRSIを示す。それでは、仕掛けと手仕舞いの各条件がきちんと満たされているか、確認していこう。

　ルール１では、出来高の21日移動平均線が１日当たり12万5000口を超えていることを条件にしている。最近の平均出来高は200万口から400万口の間で、仕掛け日には280万口だったので、この条件を軽く超えていた。

　ルール２では、過去21日の最低出来高が５万口を超えていることを

条件にしている。このチャートでは過去21日のすべては見えないが、出来高は仕掛け日よりも何カ月も前から1日当たり200万口を下回ったことがない。

　私たちの戦略における変数に基づくと、ルール3では、コナーズRSI（3、2、100）の値が10を下回る必要があるが、この条件も満たしている（チャート上の値は8.12を示している）。

　仕掛けのルールを3つとも満たしているので、2012年6月1日の大引けかその近くに、63.20ドル辺りで仕掛ける。翌取引日の6月4日の終値は63.18ドルで、仕掛けた価格をわずかに下回っている。しかし、今回は私たちは買い下がりをしない戦略を使っているため、ポジションは増やさない。

　仕掛けて3日後の6月6日に、コナーズRSIの値は初めて70を超えた。ルール5では、これが手仕舞いのシグナルなので、終値の68.96ドル辺りで売る。これによって、（68.96ドル－63.20ドル）÷63.20ドル＝0.0911＝9.11％というかなりの利益が得られた。

　5月30日に価格が下げ始めている点に気づいてほしい。私たちがチャートを見るだけで押し目を特定しようとしていたら、この日が良い買い場だと誤ったかもしれない。しかし、コナーズRSIの値が10を割るまで待つことで、はるかに望ましい価格で仕掛けることができた。

　次は、1/2/3/4/5の比率で買い下がる、より複雑な例を検討しよう。今回も、コナーズRSIが10を割るところで仕掛けるが、手仕舞いでは終値が5期間移動平均線を超えるときを条件にする。これはルール5eの終値＞移動平均線（5）に相当する。

　次のチャートはSOXL（ディレクション・デイリー・半導体・ブル・3×シェアーズ）で、レバレッジ3倍型ETFである。チャートは上段に終値の5期間移動平均線を示している以外は、**図5.3.1**と同じ印を使っている。

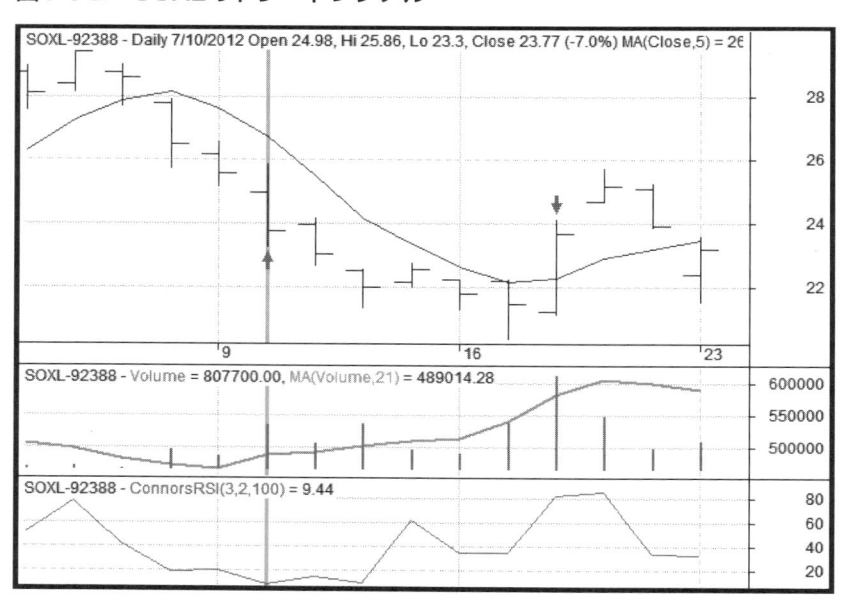

図5.3.2　SOXLのトレードシグナル

過去21日の平均出来高は48万9014口で、12万5000株以上というルール１の条件を満たしている。

チャートでは完全に確かめられないが、ルール２も満たされている。仕掛け日の前に、１日の出来高が40万口を下回ったのは５月中旬だった。

2012年７月10日に、コナーズRSIの値が終値で9.44まで下がったので、ルール３が満たされた。仕掛けの条件のすべてが満たされたので、このトレード全体で使える資金の約15分の１を使ってこの日に仕掛ける。仕掛けた価格は終値である23.77ドル辺りだ。

翌日の７月11日に仕掛けた価格よりも安値で引けているのが、チャートで分かる。ルール４では、終値が直前に仕掛けた価格よりも安いときには、まだ買い下がることができるかぎり、そうすべきだと指示

している。その日の実際の終値は23.03ドルで、条件を満たしているので、最初の買い下がりを行う。私たちは最初に買った口数の２倍を買う。

その翌日の７月12日にSOXLは再び下げて、21.99ドルで引けた。私たちは再び買い下がるが、今回は最初に買った口数の３倍を買う。

７月13日には22.55ドルで引ける。これは最初に仕掛けた価格である23.77ドルを下回っているが、直前に仕掛けた価格である21.99ドルは下回っていない。したがって、私たちはこの日には何もしない。

次の取引日は７月16日の月曜日だ。SOXLは21.80ドルで引けて、前回に仕掛けた価格である21.99ドルを下回ったので、３回目の買い下がり（４回目の仕掛け）を行う。口数は最初に買ったときの４倍になる。そのため、最初のポジションが50口ならば、この買い下がりではさらに200口を買うことになり、全ポジションはこのときに、50＋100＋150＋200＝500口になる。

７月17日に再び下げて、21.50ドルで引けた。これは前回の買い下がりである21.80ドルを下回っている。私たちは最後の買い下がりとして、最初に買った口数の５倍の250口を買う（前の過程の続き）。

７月18日には23.68ドルで引けた。仕掛けたとき以来、５期間移動平均線を終値が超えたのはこれが初めてである点に注意してもらいたい。これはルール5eを満たしているので、23.68ドル近くで手仕舞う。

買い下がりによって、利益がどれほど増えたかに気づいてほしい。まったく買い下がっていなければ、23.77ドルで最初のポジションを取って、23.68ドルで売り、少し損失が出ていたことになる。しかし、買い下がったおかげで、平均価格は約22.03ドルになり、（23.68ドル－22.03ドル）÷22.03ドル＝7.49％の利益が得られたのだ！

次の章では手仕舞い法をもっと詳しく見て、その次に検証結果に移る。そこで、戦略の変数のどの組み合わせが自分のトレードに最もふさわしいかを判断できるだろう。

第4章 手仕舞いの役割

The Role of Exits

　ここまでは、コナーズRSIに基づくレバレッジ型ETFのトレード戦略のなかで、主として仕掛けのルールに焦点を合わせてきた。しかし、仕掛けはトレードの半分にすぎない。手仕舞うまでは、利益（または、損失）は確定しないので、リターンを予想可能な形にするためには明確で数量化された手仕舞い法を作っておくことが重要である。残念ながら、出版されている戦略の多くは手仕舞いのルールを完全にごまかしてしまうか、「利益目標に達したら手仕舞いなさい」といった、漠然とした指示に頼っている。それらは適切な利益目標の計算法を示していないので、「十分に儲けたと思えたら手仕舞いなさい」と言っているのと変わりない。そのために、まったく役に立たない。

　しばらく、仕掛けと手仕舞いの考え方について話そう。仕掛けのルールも手仕舞いのルールも、どれほど厳格であるか、つまりどれほど達成するのがやさしいか難しいかという観点から考えることができる。また、厳格さは、ルールを満たす状況がどれほど頻繁に生じるかどうかの尺度だとも言える。コナーズRSIのようなオシレーターでは、値が中間にあるよりも両極端（0か100）に近いほどルールが厳格であり、そうした状況は生じにくくなる。

　仕掛けのルールが厳しいほどその条件は満たされにくいので、通常はより厳しいルールに頼る戦略ほどトレード機会が減るだろう。堅牢

な戦略であれば、トレード機会が少ないルールのほうが、平均ではたいていリターンが大きくなる。この点については、次章で検証結果を見るときにデータで示す。ここでは簡単に次のように述べておこう。わずかに売られ過ぎのETFを買えば、適度に上昇する可能性が高い。しかし、大きく売られ過ぎになるまで待てば、大幅上昇して利益が増える可能性がはるかに高くなるだろう。

　手仕舞いのルールを厳格にしても、その戦略から生じるトレード数にはほとんど影響しない。しかし、仕掛けのルールと同じく、手仕舞いのルールを厳しくするほど、通常は平均利益が増える。どうしてだろうか？　コナーズRSIに基づくレバレッジ型ETFのトレードのような戦略では、平均回帰を利用するのだが、手仕舞いのルールが厳しいほどトレードを長く続けることになりがちなので、この平均回帰の値動きに出合う機会が増えるからだ。というわけで、仕掛けでは、トレード数を増やして、なおかつ利益も増やすことはできない。また、手仕舞いでは、トレード期間を短くしながら、1トレード当たりの利益を増やすことはできない。

　この戦略では、手仕舞いのルールに2つの「特色」がある。ひとつはコナーズRSIに基づくルールで、もうひとつは終値の移動平均線に基づくものだ。そして、コナーズRSIは素晴らしい仕掛けの指標であるだけでなく、平均回帰の上昇をどの程度とらえているかを測るための非常に信頼できる方法でもあることが分かる。ひとつの手仕舞い法では、単にコナーズRSI（3、2、100）の値が60、70、80のうちで事前に決めていた水準に達するまで待つ。もうひとつの方法では、ETFの終値が3日か5日の移動平均線を上回るまで待つ。私たちのリサーチでは、これらすべてが非常に堅牢な手仕舞いの指標だった。

　これらの異なる手仕舞い法を念頭に置きながら、次の例でトレード期間と利益が対立関係にある点を見ておこう。次はQLD（プロシェアーズ・ウルトラQQQ）のチャートだ。

図5.4.1　手仕舞いの効果

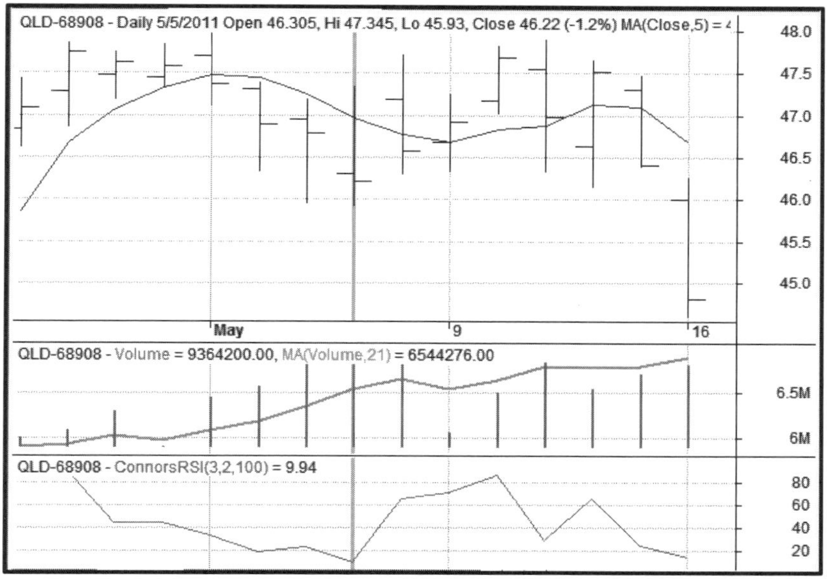

このチャート上で現在、選ばれている日付は2011年５月５日だ。この日の終値は46.22ドルで、コナーズRSIの値は10を割っている。これは私たちの戦略の多くで、仕掛けのシグナルになっている。次の３取引日の間に何が起きるかに注目してほしい。

日付	終値	コナーズRSI（3、2、100）
2011/5/6	$46.58	65.41
2011/5/9	$46.92	71.66
2011/5/10	$47.69	87.16

私たちがコナーズRSI＞60という手仕舞いの基準を使っていたら、仕掛けた翌日に小さな利益で手仕舞っていただろう。しかし、コナーズRSI＞70を使っていたら、2日保有してから手仕舞って、利益はわずかだが増えていただろう。2日目はまた、初めて5日移動平均線を超えて引けた日でもある。

　この例では、終値が最も高かったのは仕掛けて3日目で、このときにコナーズRSIは87.16まで上昇した。したがって、コナーズRSI＞80の手仕舞いルールを使っていたら、このトレードでは利益が最大になっていた。もちろん、コナーズRSIが80を超える前に、再び価格が下げてしまう例も見られる。そのため、手仕舞いの基準をあまりにも厳しくすると、手仕舞う前に含み益が消えてしまう恐れがある。私たちのリサーチによると、手仕舞いの指標に85以上のコナーズRSIの値を使うと、トレードを限定しすぎて効果が失われ、たいていは全般的な結果にマイナスとなる。

第5章 検証結果

Test Results

　あるトレード戦略に従うと将来にどういう結果が得られるかを、事前に知ることは不可能だ。だが、この第5部で述べている、コナーズRSIに基づくレバレッジ型ETFのトレード戦略のように、完全に数量化された戦略では、少なくとも過去の結果がどうだったかの検証はできる。この手続きは「バックテスト」と呼ばれている。

　バックテストを実行するときは最初に、戦略を検証したい証券グループ（監視リストと呼ばれることもある）を選ぶ。私たちは実は、6種類の監視リストを使った。それをまとめると、下記の表のようになる。ここでは、原資産の指数と同じ方向に動くETFを「ロング」、指数と逆方向に動くインバース型ETFを「ショート」と名付けている。

監視リスト名	含まれるETF
2xEquityL	2倍レバレッジ型株式ETF、ロング
2xEquityLS	2倍レバレッジ型株式ETF、ロング・アンド・ショート
3xEquityL	3倍レバレッジ型株式ETF、ロング
3xEquityLS	3倍レバレッジ型株式ETF、ロング・アンド・ショート
2x3xEquityL	2倍および3倍レバレッジ型株式ETF、ロング
2x3xEquityLS	2倍および3倍レバレッジ型株式ETF、ロング・アンド・ショート

　過去のトレード結果がグループ同士でどう異なるかを確かめられるように、私たちは監視リストをこのような重複するグループに分けた。

次に、検証する期間を選んだ。通常、バックテストの期間が長いほど信頼性は高まり、得られる結果も役に立つ。コナーズRSIに基づくレバレッジ型ETFのトレード戦略では、最初のレバレッジ型ETFの上場直前である2006年1月から検証を始めて、これを執筆している現在に最新データを入手できる2012年10月まで続けた。

最後に、全検証期間で、仕掛けと手仕舞いのルールを監視リストの各ETFに当てはめて、仕掛けることができた戦略の組み合わせをすべて記録して集計する。

バックテストで得られる重要な統計のひとつは平均損益で、1トレード当たり平均利益とも言われる。これを「エッジ」と呼ぶトレーダーもいる。平均損益は、％で表した利益と損失のすべてを、全トレード数で割った値である。次の10回のトレードを考えてみよう。

トレード番号	損益
1	1.7%
2	2.1%
3	-4.0%
4	0.6%
5	-1.2%
6	3.8%
7	1.9%
8	-0.4%
9	3.7%
10	2.6%

平均損益は次のように計算する。

平均損益＝（1.7％＋2.1％－4.0％＋0.6％－1.2％＋3.8％
　　　　　＋1.9％－0.4％＋3.7％＋2.6％）÷10＝1.08％

３日から10日の短期トレードでは、ほとんどのトレーダーは全トレードで0.5～2.5％の平均損益を目指している。ほかの条件がすべて同じであれば、平均損益が大きいほど口座資金は増えていくだろう。もちろん、ほかの条件がすべて同じということはけっしてない！　特に、平均損益はトレード数と合わせて見ることが重要である。各トレードを仕掛けるときにほぼ同額の資金を使うとすると、20％の利益を上げるトレードを１回行うよりも、10回トレードを行って、１トレード当たり10％の平均利益を上げるほうがはるかに儲かるだろう。

　もうひとつの重要な統計は勝率だ。これは単に、利益が出たトレード数を全トレード数で割った値である。前の表では、10回のトレードのうち７回で利益が出ていて、リターンはプラスになっている。この例での勝率は７÷10＝70％になる。

　平均損益が十分に高いときでも、どうして勝率を気に掛けるのだろうか？　それは一般に、勝率が高いほうが、ポートフォリオの資産価値がより滑らかに上がっていくからだ。負けトレードは「集中」する傾向があり、そうなると、ポートフォリオの資産価値は下がる。これはドローダウンと呼ばれている。資産価値が下がると眠れなくなるか、トレードを放棄しようとさえ考えかねない。負けトレードが少ない、つまり勝率が高ければ、損失が集中しにくくなるため、ポートフォリオの資産価値は激しく変動するのではなく、滑らかに拡大しやすくなる。

　それでは、さまざまな変数を組み合わせながら、コナーズRSIに基づくレバレッジ型ETFのトレード戦略の検証結果を見ていこう。６年余りの検証期間のシミュレーションで、トレード数が50回に達しない変数の組み合わせを使っても、一貫した利益を生むのに十分なシグナルが点灯しないため、通常であれば私たちはそれらを除外している。多くのETFの戦略では100回のトレード、株式の戦略ではたいてい250回のトレードに達しない変数は除外している。しかし、レバレッ

ジ型ETFは銘柄数が比較的少ないので、今回の検証ではトレード数が50よりも少なくなる変数の組み合わせも入れることにした。

まず、買いだけの場合に最も平均損益が高い変数の組み合わせのトップ20を見ることにする。

平均利益に基づくトップ20の変数の組み合わせ

トレード数	平均損益	平均保有日数	勝率	仕掛けでのコナーズRSI	買い下がり	手仕舞い法	監視リスト
95	11.10	8.38	96.84	6	1/2/3/4/5	CRSI > 80	2x3xEquityL
65	11.10	8.66	93.85	8	1/2/3/4/5	CRSI > 80	3xEquityL
95	10.57	8.38	93.68	6	1/2/3/4	CRSI > 80	2x3xEquityL
59	10.39	8.37	96.61	6	1/2/3/4/5	CRSI > 80	2xEquityL
65	10.23	8.66	89.23	8	1/2/3/4	CRSI > 80	3xEquityL
59	9.92	8.37	93.22	6	1/2/3/4	CRSI > 80	2xEquityL
53	9.85	9.04	96.23	4	1/2/3/4/5	CRSI > 80	2x3xEquityL
173	9.83	8.78	93.06	8	1/2/3/4/5	CRSI > 80	2x3xEquityL
65	9.49	9.06	92.31	6	1/2/3/4/5	CRSI > 80	3xEquityLS
113	9.19	10.29	89.38	8	1/2/3/4/5	CRSI > 80	3xEquityLS
62	9.16	3.85	96.77	6	1/2/3/4/5	Close > MA(5)	2xEquityL
53	9.15	9.04	92.45	4	1/2/3/4	CRSI > 80	2x3xEquityL
173	9.09	8.78	89.60	8	1/2/3/4	CRSI > 80	2x3xEquityL
108	9.06	8.85	92.59	8	1/2/3/4	CRSI > 80	2xEquityL
62	9.00	3.85	93.55	6	1/2/3/4	Close > MA(5)	2xEquityL
65	8.99	9.06	89.23	6	1/2/3/4	CRSI > 80	3xEquityLS
95	8.92	8.38	88.42	6	1/1/1/1	CRSI > 80	2x3xEquityL
65	8.85	8.66	86.15	8	1/1/1/1	CRSI > 80	3xEquityL
75	8.70	9.36	92.00	4	1/2/3/4/5	CRSI > 80	2x3xEquityLS
98	8.50	3.78	94.90	6	1/2/3/4/5	Close > MA(5)	2x3xEquityL

CRSI=コナーズRSI、Close=終値

次は表の各列についての説明だ。

トレード数とは、2006年1月1日から2012年10月31日の間に、この変数の組み合わせでシグナルが点灯した回数である。

平均損益とは、負けトレードを含む全トレードの平均利益率または損失率である。トップ20の組み合わせはすべて利益が出ていて、8.5％から11％以上の範囲にある。

平均保有日数とは、平均トレード期間である。1トレードを除いて、

すべてが２週（10取引日）以下である。

　勝率とは、点灯したシグナルのうちで利益が出た割合である。トップ20の勝率はすべて86％以上である。ほとんどの成功したトレーダーがトレード数の55〜60％で正しくありたいと望む世界で、これは極めて高い水準だ。

　仕掛けでのコナーズRSIとは、仕掛ける日のコナーズRSI（３、２、100）の値で、許容できる最大値を指す。この値は戦略のルール３と一致している。私たちがコナーズRSIの最大値を４、６、８、10、15、20にして検証したことを思い出してもらいたい。予想どおりだと思うが、コナーズRSIの値が低いものがこのリストを占めている。

　買い下がりとは、戦略のルール４で述べたように、最初のポジションと買い下がりができる口数の比率である。買い下がりはこのガイドブックの３章で詳しく説明している。トップ20のリストに入っている変数の組み合わせはすべて、最初のポジションに加えて少なくとも３回の買い下がりを行っている。これは、買い下がりを行うと、この戦略の価値が高まることを示している。

　手仕舞い法とは、手仕舞いポイントを決める方法である。平均損益で見たトップ20の変数の多くは、コナーズRSI（３、２、100）＞80という手仕舞い法を使った。これは、コナーズRSI（３、２、100）の値が大引けで初めて80を超えたときに手仕舞うという意味だ。残りの変数では、終値＞５日移動平均線という手仕舞い法を使っている。これは予想どおりだ。前に私たちは、手仕舞いの基準を厳しくするだけでなく、トレード期間を長くするほど、通常は利益率が高まると述べたとおりだからだ。

　監視リストとは、監視リストの名称であり、戦略の変数を当てはめた銘柄グループである。監視リストで2xEquityLS以外はすべて、トップ20に少なくとも１回は登場している。

　私たちはここで、コナーズRSIに基づくレバレッジ型ETFのトレー

ド戦略に20の異なる変数を当てはめた。それらは7年近くの間に一貫した動きを示している。カギは、自分のトレード計画全般を補うのに最も良い変数の組み合わせを選び、それを組織的、体系的に用いることだ。

それでは、勝率で測った場合にパフォーマンスが最も良くなるトップ20の変数を見よう。

勝率に基づくトップ20の変数の組み合わせ

トレード数	平均損益	平均保有日数	勝率	仕掛けでのコナーズRSI	買い下がり	手仕舞い法	監視リスト
95	11.10	8.38	96.84	6	1/2/3/4/5	CRSI > 80	2x3xEquityL
62	9.16	3.85	96.77	6	1/2/3/4/5	Close > MA(5)	2xEquityL
59	10.39	8.37	96.61	6	1/2/3/4/5	CRSI > 80	2xEquityL
53	9.85	9.04	96.23	4	1/2/3/4/5	CRSI > 80	2x3xEquityL
98	8.50	3.78	94.90	6	1/2/3/4/5	Close > MA(5)	2x3xEquityL
69	7.26	3.54	94.20	8	1/2/3/4/5	Close > MA(5)	3xEquityL
65	11.10	8.66	93.85	8	1/2/3/4/5	CRSI > 80	3xEquityL
95	10.57	8.38	93.68	6	1/2/3/4	CRSI > 80	2x3xEquityL
62	9.00	3.85	93.55	6	1/2/3/4	Close > MA(5)	2xEquityL
59	9.92	8.37	93.22	6	1/2/3/4	CRSI > 80	2xEquityL
173	9.83	8.78	93.06	8	1/2/3/4/5	CRSI > 80	2x3xEquityL
184	6.92	3.77	92.93	8	1/2/3/4/5	Close > MA(5)	2x3xEquityL
108	9.06	8.85	92.59	8	1/2/3/4/5	CRSI > 80	2xEquityL
54	7.85	4.06	92.59	4	1/2/3/4/5	Close > MA(5)	2x3xEquityL
53	9.15	9.04	92.45	4	1/2/3/4	CRSI > 80	2x3xEquityL
65	9.49	9.06	92.31	6	1/2/3/4/5	CRSI > 80	3xEquityLS
439	4.52	3.78	92.26	15	1/2/3/4/5	CRSI > 70	2xEquityL
116	6.30	4.37	92.24	6	1/2/3/4/5	Close > MA(5)	2xEquityLS
462	5.15	3.74	92.21	20	1/2/3/4/5	Close > MA(5)	3xEquityL
461	3.50	2.60	92.19	15	1/2/3/4/5	CRSI > 60	2xEquityL

CRSI＝コナーズRSI、Close＝終値

最も勝率が高かった変数を見ると、平均損益のトップ20と重なっているものが多いことに気づく。実際、13の変数が両方のリストに現れている。また、勝率が高いリストのほうが手仕舞い法が多いことに気づくかもしれない。さらに、平均損益ではなく、勝率で分類したときに、リストから外れたものに注目するのも興味深い。勝率順に見たリ

ストには、1/1/1/1の比率の買い下がりはない。買い下がりがどういう働きをするかを考えると、これには納得がいく。買い下がり以外はまったく同じトレードを行っている場合、1/1/1/1の比率よりも1/2/3/4の比率で買い下がるほうが仕掛けた価格の平均は同じか低くなるからだ。トレード数が同じであれば、仕掛けた価格の平均が低いほうが、利益が出るトレード数が増えて、勝率は高くなるだろう。

トップ20のすべての変数の勝率が92％以上であるのは、特に注目に値する。数量化されていて証明可能な戦略のうちで、平均して10回のトレード中の9回のトレードで利益が出ると言えるものは極めて少ないだろう。

トレーダーにとって、戦略を評価するための最も重要な測定基準は資金管理を中心としたものかもしれない。そうした考えのトレーダーの場合、素早く資金を回収してほかのトレードに使えるのなら、利益の一部を放棄しても我慢ができる。そこで、平均保有日数が最も短い戦略の変数を見ることにしよう。

トレード期間に基づくトップ20の変数の組み合わせ

トレード数	平均損益	平均保有日数	勝率	仕掛けでのコナーズRSI	買い下がり	手仕舞い法	監視リスト
70	4.68	2.11	90.00	8	1/2/3/4/5	CRSI > 60	3xEquityL
70	4.30	2.11	88.57	8	1/2/3/4	CRSI > 60	3xEquityL
70	3.70	2.11	87.14	8	1/1/1/1	CRSI > 60	3xEquityL
70	3.05	2.11	85.71	8	1/1	CRSI > 60	3xEquityL
70	2.19	2.11	82.86	8	1/0	CRSI > 60	3xEquityL
186	4.68	2.27	89.25	8	1/2/3/4/5	CRSI > 60	2x3xEquityL
186	4.40	2.27	88.17	8	1/2/3/4	CRSI > 60	2x3xEquityL
186	3.72	2.27	85.48	8	1/1/1/1	CRSI > 60	2x3xEquityL
186	2.95	2.27	81.18	8	1/1	CRSI > 60	2x3xEquityL
186	1.93	2.27	76.88	8	1/0	CRSI > 60	2x3xEquityL
116	4.68	2.36	88.79	8	1/2/3/4/5	CRSI > 60	2xEquityL
116	4.47	2.36	87.93	8	1/2/3/4	CRSI > 60	2xEquityL
116	3.73	2.36	84.48	8	1/1/1/1	CRSI > 60	2xEquityL
116	2.88	2.36	78.45	8	1/1	CRSI > 60	2xEquityL
116	1.77	2.36	73.28	8	1/0	CRSI > 60	2xEquityL
98	5.30	2.39	86.73	6	1/2/3/4/5	CRSI > 60	2x3xEquityL
98	5.15	2.39	85.71	6	1/2/3/4	CRSI > 60	2x3xEquityL
98	4.00	2.39	81.63	6	1/1/1/1	CRSI > 60	2x3xEquityL
98	2.34	2.39	77.55	6	1/1	CRSI > 60	2x3xEquityL
98	1.24	2.39	72.45	6	1/0	CRSI > 60	2x3xEquityL

CRSI＝コナーズRSI

　これまでの説明から予想できるように、トレード期間が最も短い変数は、私たちが検証した手仕舞いのうちで最も基準がゆるいものであり、コナーズRSI（3、2、100）の値が60を超えたときに手仕舞う。これら20の変数の平均トレード期間はすべて2.5日以下である。しかし、トレードを早めに切り上げることで、利益の一部を犠牲にしている。

　ここまで示した変数のほとんどは、7年近くの検証期間に点灯したシグナルが200回に達していない。これは1カ月につき平均して2～3回のトレードに相当する。あなたがこれよりも多くのトレードをしたいのなら、どうするだろう？　これまでの説明から、仕掛けの基準をゆるくする（コナーズRSIの値を引き上げる）と、トレード数は増えるが、平均損益は下がると予想される。これが本当か確かめてみよ

う。検証期間に最も多くのトレード数を生み出した20の変数は、次のとおりだ。

トレード数に基づくトップ20の変数の組み合わせ

トレード数	平均損益	平均保有日数	勝率	仕掛けでのコナーズRSI	買い下がり	手仕舞い法	監視リスト
2992	2.93	3.03	85.83	20	1/2/3/4/5	Close > MA(3)	2x3xEquityLS
2992	2.75	3.03	84.69	20	1/2/3/4	Close > MA(3)	2x3xEquityLS
2992	2.26	3.03	79.48	20	1/1/1/1	Close > MA(3)	2x3xEquityLS
2992	1.61	3.03	74.26	20	1/1	Close > MA(3)	2x3xEquityLS
2992	0.88	3.03	64.51	20	1/0	Close > MA(3)	2x3xEquityLS
2956	3.00	3.19	87.79	20	1/2/3/4/5	CRSI > 60	2x3xEquityLS
2956	2.80	3.19	86.54	20	1/2/3/4	CRSI > 60	2x3xEquityLS
2956	2.30	3.19	81.06	20	1/1/1/1	CRSI > 60	2x3xEquityLS
2956	1.62	3.19	75.37	20	1/1	CRSI > 60	2x3xEquityLS
2956	0.90	3.19	67.19	20	1/0	CRSI > 60	2x3xEquityLS
2743	3.84	4.42	86.55	20	1/2/3/4/5	Close > MA(5)	2x3xEquityLS
2743	3.52	4.42	84.10	20	1/2/3/4	Close > MA(5)	2x3xEquityLS
2743	2.91	4.42	79.51	20	1/1/1/1	Close > MA(5)	2x3xEquityLS
2743	2.01	4.42	72.40	20	1/1	Close > MA(5)	2x3xEquityLS
2743	1.19	4.42	65.51	20	1/0	Close > MA(5)	2x3xEquityLS
2627	4.16	5.04	87.17	20	1/2/3/4/5	CRSI > 70	2x3xEquityLS
2627	3.81	5.04	83.97	20	1/2/3/4	CRSI > 70	2x3xEquityLS
2627	3.17	5.04	80.21	20	1/1/1/1	CRSI > 70	2x3xEquityLS
2627	2.22	5.04	73.58	20	1/1	CRSI > 70	2x3xEquityLS
2627	1.37	5.04	66.73	20	1/0	CRSI > 70	2x3xEquityLS

CRSI＝コナーズRSI、Close＝終値

　予想されるように、この表のすべての仕掛けでは、コナーズRSIの値に最も甘い基準である20が使われていて、平均損益で見たトップ20に比べて、平均損益がかなり低い。だが、トレード数は10～15倍になる。前に述べたが、資金の運用方法によっては、Xの利益を生む10回のトレードのほうが、Xの2倍か3倍の利益を生む1回のトレードよりも良いことが多い。これはあなたが自分のツールボックスに加える変数の組み合わせを選ぶときに、慎重に検討すべきことだ。

第6章 レバレッジ型ETFの戦略に基づくオプションのトレード

Trading Options Using the Leveraged ETF Strategy

　本章のオプションの解説とほかの部のオプションの解説とほぼ同じである。この戦略のセットアップではしばしば短期間の大きな動きを利用するからだ。私たちの考えや、オプションのプロトレーダーの友人たち（1人は30年以上の経験者）に確かめたことでは、こうした動きでトレードを行う最も良い方法がひとつある。

　オプションのトレードは、過去5年の間にマーケットで大きく成長した分野である。これは売買スプレッドが小さくなり、流動性が高まり、複雑なオプションをかつてないほど簡単にトレードできるようになったためである。

　では、ここまで説明した相場の短期的な動きで、オプションをトレードする方法に焦点を合わせよう。ここでの戦略すべてに言えるが、シグナルが点灯したときにオプションのトレードを行うには、明確なルールがある。

　データに基づいて言えることは、次のとおりだ。

1. 仕掛けから手仕舞いまでの保有期間の大半は非常に短かった（2～10取引日）。
2. 1トレード当たり平均利益は大きく、短期の標準的な値動きを大幅に超えていた。

3．それらの値動きのかなりの割合で利益が出た。

　私たちがこの種の値動きを見るとき、多くの戦略が考えられるが、ひとつの戦略が目立って良い（これは、プロトレーダーたちも認めている）。この戦略では、期近物でイン・ザ・マネーのコールを買う。

　なぜ、期近物のイン・ザ・マネーのコールを買うのか？　それらが、連動するETFに最も近い値動きをするからだ。そして、オプションがETFに近い動きをするほど、その動きが思惑どおりであれば、利益率が高くなるからだ。

　売買ルールは次のとおりだ。

1．シグナルが点灯する。
2．期近のイン・ザ・マネーのコールを買う。通常、そのETFを500口買っているのなら、コールを5枚買う（100口はコール1枚に等しい）。
3．そのETFで手仕舞いシグナルが点灯すれば、オプションを手仕舞う。

　先を進めよう。

1．イン・ザ・マネーとは具体的に何を意味するのか？

　ここでの場合、権利行使価格がイン・ザ・マネーとなる1つか2つ目のオプションという意味だ。ETFが今、48ドルであれば、40ドルか45ドルのコールを買うということになる。

2．どうして期近なのか？

　保有期間が非常に短いので、満期日が最も近いオプションでトレー

ドを行うほうがよいからだ。ただし、期近のオプション満期日から7取引日以内（つまり、第2木曜日の前かその近く）であれば、翌限月でトレードを行う。

3．ポジションを取っていて満期日を迎えたが、ETFの売買シグナルがまだ有効であるときは、どうするか？

その場合は、翌限月に乗り換える。そのETFのシグナルに合わせてトレードを行っているのなら、シグナルが有効であるかぎり、ポジションを取り続けたほうがよい。

4．流動性とスプレッドについてはどうだろう？

ここでは慎重さが要求される。オプションで流動性が正確に何を意味するかについて、明確なルールはない。例えば、あなたがトレードしたいETFの流動性を、SPY（S&P500株価指数オプション）と比べてみよう。SPYはほかのほとんどのETFよりも極めて流動性が高い。両方とも流動性があるとみなせるが、レバレッジ型ETFのオプションにはSPYほどの流動性はない。

オプションが活発に取引されているとして、売買スプレッドを見よう。オプションの気配値が買い3.00ドル、売り3.30ドルであれば、スプレッドは10％である。本当に10％のスプレッドを克服して、利益を出せるだろうか？　それはありそうにない。では、気配値が買い3.25ドル、売り3.30ドルのオプションならどうだろう。これならずっと満足できて、取引可能だ。

5．ETFではなく、コールオプションを買う利点は何だろう？

流動性があり、スプレッドも小さければ、利点は大きい。

1．投資資金に対する収益が大きくなる可能性がある。
2．縛られる資金が少なくて済む。

3. リスクにさらされる資金の比率が小さい。あるETFの買いシグナルが50ドルで点灯すれば、最高で50ドルを失う可能性がある。しかし、オプションであれば、代金として支払うプレミアム以上は失わない。だから、45ドルのコールを買えば、リスクはプレミアムだけだ。
4. 柔軟性が大きい。例えば、あるETFが50ドルで買いシグナルを発して、45ドルのコール代として5.50ドルを払ったとしよう。そのETFがすぐに上昇すれば（56ドルとしよう）、そこで選択肢が生まれる。あなたは手仕舞ってもよいし、資金のほとんどを回収したうえで、50ドルのコールに乗り換えてもよい。価格がそのまま上昇し続けると思っているのなら、これはほとんどリスクなしのトレードになる。

このような例は無数にある。そして、この種の戦略を用いる機会に関しては、オプションに関するほとんどの本に載っている。しかし、特殊なオプション売買や、単にコールを買う以外のトレードは、私たちが質問した多くの専門家のアドバイスに反する。

結論として、オプションはETFそのものを買う代替の良い選択肢になる。私たちの戦略でのトレード法では、期近のイン・ザ・マネーを使い、ETFでの通常のトレードと等しいサイズ（100口につき1枚のオプション）で仕掛けて、ETFで手仕舞いのシグナルが点灯したときに手仕舞う。

多くの専門家の意見によると、このオプション戦略は、それらのシグナルで過去のデータを見たときに、最も優れていて最も効率的な戦略である。

第7章 終わりに

Additional Thoughts

1. この第5部で分かったように、コナーズRSIに基づくレバレッジ型ETFのトレード戦略を一貫して用いれば、大きなエッジがあることがデータで示された。

2. あなたが使える組み合わせは文字どおり、何百通りもある。ルールで述べた変数を調整すれば、その戦略をあなた向きに変えることができる。トレード数を増やしたいのであれば、仕掛けでのコナーズRSIの値が高い変数を見ればよい。平均リターンを大きくしたければ、最も厳しい仕掛けの基準（コナーズRSIの低い値）と、最も長い保有期間（コナーズRSIの値が80を超えたときに手仕舞う方法）を持つ変数を調べるとよい。仕掛けと手仕舞いを素早く行い、トレードを翌日に持ち越すリスクを減らして資金をほかのトレードに振り向けられるようにしたいのであれば、コナーズRSIの値が60か、3期間移動平均線での手仕舞い法を利用する変数を試すとよい。変数が結果にどういう影響を及ぼすのかを理解できれば、自分のトレードスタイルに最も合う変数を見つけることができる。

3. 損切りのストップ注文についてはどうだろうか（これに対する答

えはすべての戦略ガイドブックに載せている）？

　私たちは、『**コナーズの短期売買入門**』（パンローリング）を含めた出版物で、ストップ注文についてのリサーチを発表してきた。

　私たちが発見したことは、損切りのストップを置くとパフォーマンスが落ちやすく、多くの場合、エッジがまったく消えるということだった。たしかに、買った銘柄が下げ続けたときに、ストップ注文で損切りできれば気分が良い。一方で、多くの短期トレード戦略について最大20年の検証をした結果では、ストップ注文を置くと頻繁に損切りさせられて、非常に多くの損失が積み上がっていくことが示されている。ほとんどのトレード戦略は、こうした損失の蓄積を克服できない。

　多くのトレーダーは損切りのストップ注文を必ず置かなければならない。そうすることで、彼らは特に難しいトレードでも心理的に受け入れることができるからだ。ストップ注文を使うかどうかは、自分で決めるべきことだ。だが、概して言えば、ストップ注文を置くと、ここで紹介した戦略やほかの多くの短期戦略で得られるエッジは低くなる。繰り返すが、ストップ注文を置くかどうかは、あなた自身が決めるべきことだ。私たちはどちらの手法でも、成功したトレーダーがいることを知っている。

4．検証では、スリッページと手数料は考慮に入れていない。それらを考慮に入れて（仕掛けでは指値を使っているので、スリッページは問題にならない）、取引費用が最低になるようにしよう。現在では、ほとんどの証券会社が1株当たり1セント以下で取引できる。だから、特にあなたが活発にトレードをするのなら、自分にふさわしい会社を選ぼう。オンライン証券会社はあなたと取引をしたがっている。このコナーズ・リサーチ社のトレード戦略シリーズを楽しんでいただけていたら幸いである。この戦略につい

て質問があれば、info@connorsresearch.com に遠慮なく電子メールを送っていただきたい。

第6部

ETFの買い下がり
トレード

ETF Scale-In Trading

第1章 はじめに

Introduction

　2008年に、私たちはTPSという「買い下がり」戦略を発表した。TPSとは次の頭文字だ。

- T　タイム（時間）
- P　プライス（価格）
- S　スケールイン（買い下がり）

　トレードでカギとなるこれら３つの要素（時間、価格、買い下がり）を組み合わせると、トレード結果がかなり向上することが多い。TPSは私たちが教えてきた戦略のなかで、今でも最も人気があるもののひとつだ。この第６部では、この戦略を「買い下がりトレード」と呼ぶことにする。
　買い下がりトレードは何十年も前の投資界に起源がある。有能なマネーマネジャーたちは何世代にもわたって、これをうまく使ってきた。
　私が買い下がりトレードについて初めて知ったのは1985年だった。メリルリンチで最大の資金を運用して最も成功したブローカーのひとりから教えてもらったのだ。彼の顧客にはロサンゼルスの実業界の「名士」が含まれていた。そのうちの１人はさらに政府の上級閣僚になり、別の１人はロサンゼルスの市長になった。さらに、成功を収めてフォ

ーブズ400に載った人も何人かいた。このブローカーは投資がどういうものかを理解していたし、何よりも株式をいかに買い下がるべきかを理解していた。そのため、ロサンゼルスで大成功を収めた人々のなかには、何十年も彼のアドバイスを頼りにしていた人もいる。

彼と親しくなるにつれて、彼は私にどの銘柄を買うべきかや、もっと重要なことだが、どのような買い方をすべきかを親切にも助言してくれるようになった。

私は彼が初めて推奨してくれた銘柄をいまだに覚えている。それはLPX（ルイジアナ・パシフィック）だった。当時のLPXは長期で持つバリュー株として非常に魅力的であり、彼がそれを買うべき理由を説明し終えるころには、私は説得されていた。彼は私の顧客でその株を保有するのにふさわしい人たちすべての分を、すぐに買ったほうがいいと言った。そして、話の終わりに彼はあることを言い、私はそれ以来ずっとそれを守っている（そして、それがこの第6部の中心になってもいる）。彼は、「みんなのためにその株を買ったら、今夜は帰宅して、明日それが下がることを期待するんだね」と言ったのだ。そのとき、私はとまどった。いったいどうして、株価が下がるのを願うのかと私は尋ねた。すると、彼は不思議なことを言った。「そうなれば、君は明日、もっと安値で買い増すことができるだろう」と。

記憶が正しければ、LPXはあまり下げなかった。そして、結局はかなりの上昇をした。私たちは底値近くで買ったのだった。もっとも、それはたいてい、手腕によるものではなく、運が良かったにすぎないのだが。その銘柄に対する彼の洞察は極めて正確だった。だが、もっと重要なことがある。彼がまいてくれた種は、18年後にさらに成長したということだ。

元企業弁護士のヘッジファンドマネジャー

　私たちが運営するTradingMarketsの会員の１人は有名な法律事務所で顧問弁護士として成功を収めていたが、2003年にその仕事を捨てて、ヘッジファンドのマネジャーになる決心をした。彼は専門知識を生かして他人の資金を運用して２％の手数料と20％の成功報酬を得るために、キャリアを大転換したのだ。

　彼のファンドよりもはるかに大きく、新人マネジャーもベテランマネジャーも擁するファンドが、スペースを提供して必要な設備もすべて面倒を見ると直ちに申し出てくれたという。それはこの業界ではよくあることで、双方に有益であることが多い。マネジャー側はスペースと設備だけでなく、ほかのマネジャーたちとの関係を築く機会も得られる。施設を提供する大手ファンド側も、専門分野が異なるマネジャーから新鮮なアイデアを得ることができる。うまくいけば、みんなが得をするのだ。

　彼は自分の仕事に関する最新情報を私に伝えながら、学んでいたことを親切にもいくらか教えてくれた。彼にとって、成功しているヘッジファンドマネジャーの多くがどういう運用をしているかを直接見る機会に恵まれたことは特に重要だった。

　業界をより深く知るようになると、彼はある日、私に電話をしてきた。私たちはその春に底入れして、新たな強気相場に入った市場について話し合っていた。そのとき、彼は私が18年前に聞いたこととまったく同じことを言った。そこで成功しているマネジャーの多くはそれぞれ独自の方法で運用をしていたが、彼らのほとんどに共通する点がひとつあるという。彼らはあるアイデアを調査して、その銘柄を買い始めるべきだという確信を得ても、すぐに「全力買い」はしなかった。彼らは一部（一定割合）を買った。そして、家に帰って、その銘柄が下がって、もっと安値で買えることを願ったという。

価格がそのまま上げ続けたら、彼らはそのポジションを維持して利益を得た。

価格が下げたら（2002年の間はごく普通のことだった）、彼らはさらに安値でポジションを増やす機会に恵まれた。そして、意図していたポジションサイズに達するまで、株価が下げるたびに買い続けた。その銘柄にふさわしい価値と考える水準まで上げると、彼らは利益を確定した（2003年とその後の数年は、彼らの多くが順調にそうできる環境にあった）。どんな戦略でも同じだが、この戦略を使っても必ずしも利益が得られたわけではない。しかし、判断が正しかったときには、彼らはしばしば非常に大きな利益をものにできた。そして、極めて安値で買った１つか２つの銘柄が大幅に上昇をして大喜びをした（そして、彼らの顧客も非常に満足をした）。彼らはほとんどの人がするように、「全力買い」をするのではなく、より望ましい株価になるとポジションをさらに増やして、株価が上げたところで利食うことを目標にした。

私たちはこの考え方に基づいて、2008年に独自の買い下がりトレード戦略（TPS）を考案した。うれしいことに、今日まで（2013年３月）、この戦略はうまく機能し続けてきただけでなく、大幅に発展させることができた。

先に進む前に、買い下がりと倍賭けの違いを確認しておこう。買い下がりには多くの方法があるが、共通しているのは配分した資金の一部（全部ではない！）でポジションを取ることだ。価格が上がったら、有利な立場になる。下がったら、そのポジションに配分した資金を使い切ることを目標に、安値で買い増す。

倍賭けは極めて強気の手法で、買い下がりとはまったく異なる。倍賭けをするときには、最初から配分した資金のすべてでポジションを取る。そして、価格が下げたら、しばしば信用取引でポジションを２倍に増やす。

どちらの手法も、価格はいずれ上がるという確信に基づいている。違いは、トレードをするうえでの資金管理にある。買い下がりのほうが緩やかで、慎重なトレード手法である。また、価格がさらに下がった場合でも痛手を被りにくい。この証券は、売られ過ぎだから買いたい、と考えることが許される。そして、もっと売られ過ぎになったら、私が用いている買い下がりの比率（この点はあとで説明する）に応じて、下げたら買いという手順を繰り返すことができる。特に勝率に基づく検証結果を見れば分かるが、ETF（上場投信）のトレードではこちらのほうが優れたトレード法であることが多い。

　トレーダーである私たちは、前に取り上げたマネジャーたちのように数カ月や数年もポジションを維持し続けることを目標にしていない。私たちは効率的に仕掛けのタイミングを計って、できるだけ早く手仕舞いたいと考えている。買い下がりトレードに関するこの第6部では、その方法を詳しく説明する。ETFとは株式のバスケットのことで、通常は個別株式よりも安全である。ここではETFに焦点を当てるだけでなく、利益が出る確率が高いと実証された手法を使った買い下がりについても説明する。

　この第6部では、流動性が高いETFを売買するための厳密なルールに加えて、このトレード手法に役立つ検証結果のすべてを提供するつもりである。流動性が高い主要ETFの検証結果は一貫していて、多くの買い下がりのバリエーションでは、10年以上にわたって勝率が90％を超えていることが分かるだろう。

　では、予備知識が得られたので、買い下がりトレードを学ぼう。

第2章 ETFの買い下がり戦略のルール

ETF Scale-In Trading Strategy Rules

　コナーズ・リサーチが発表するトレード戦略ではすべて、仕掛けと手仕舞いのための詳細で定量化されたルールが含まれている。それらについて、しばらく述べることにする。ETFの買い下がりトレード戦略では、買い下がりと呼ばれる考え方も用いる。これによって、トレードが魅力的になるにつれて、ポジションサイズを増やすことができる。この手順は第1章で紹介したが、ルールについて述べたあと、さらに詳しく説明する。

　ETFの買い下がり戦略における仕掛けのルールは、次のとおりだ。私たちは次の条件のすべてが当てはまる日の終値かそれに近い価格で、ETFを買う。

1．過去21日（1取引月）でのETFの1日の平均出来高が少なくとも12万5000口あること。
2．過去21日の1日の最低出来高が少なくとも5万口あること。
3．ETFのコナーズRSI（3、2、100）の値が少なくともY日連続で、X以下で引けること。ここでXの値は10、15、20、25、30で、Yの値は1、2、3である。

　私たちは次の条件が満たされたときに買い下がる。

4．今日の終値が前回の仕掛け値よりも安い。

最後に、私たちは次の手仕舞い基準のうちのひとつを選んで、手仕舞う。

5．コナーズRSI（3、2、100）は大引けでZを超えている。ここで、Zの値は50、60、70のいずれかである。私たちはこの条件を通常、次のように略す。コナーズRSI＞Z、または、CRSI＞Z。

各ルールをもう少し詳しく見て、どうしてそれらを戦略に含めるのかを説明しよう。

ルール1とルール2によって、売買スプレッドが狭くてすぐに売買でき、流動性が非常に高いETFを仕掛けることができる。

ルール3によって、しばしば数日にわたって下げて、売られ過ぎになったETFを特定できる。私たちのリサーチによると、コナーズRSIの値が低いほど、ETFが再び上昇するときの上げ幅は大きくなる。以前の買い下がり戦略では買われ過ぎや売られ過ぎを特定するためにRSI（2）を使っていたが、私たちのリサーチによると、コナーズRSIのほうが効果的な指標だと分かった。コナーズRSIについてなじみのない人は、第5部の第2章で詳しい説明を読むことができる。

ルール4によって、ETFが売られ過ぎになったときにそのポジションサイズを大きくして、トレードの勝率を大幅に向上することができる。この戦略での基本的な目標は、価格が下がったときにETFを買い、上がったときに売ることだ。これはしばしば平均回帰と呼ばれる現象を利用した手法である。どんな戦略を用いても、その時期の最安値を常に正確に特定することはできない。だが、平均回帰を利用する優れた戦略であれば、常に最安値近くで買うことができる。

ルール３によって、ETFの終値が最安値に近いところで買えると、私たちは考えている。だが、買ったあとに一段安になれば、買い増して平均価格を下げる。まだトレードを続けているときにさらに下げたら、また買い増して平均価格を下げる。これが買い下がりと呼ばれる手法だ。

　買い下がりを利用する戦略を使うときには、私たちは事前に買う口数の比率を選んでおき、それに従って計画を立てるようにしている。ETFの買い下がりトレード戦略では、次の比率を検証した。

- 1/1
- 2/3/5
- 1/2/3/4
- 1/2/3/4/5

　買い下がり比率のこの表記法によって、次の情報を簡潔に伝えることができる。

- 比率の項目数は、実行する可能性がある仕掛けの総回数（最初の仕掛けと買い下がりでの仕掛け）を表す。例えば、1/1という買い下がりでは、１つのポジションにつき最大で２回仕掛けるという意味だ。2/3/5ならば最大で３回、1/2/3/4ならば最大で４回仕掛けるという意味になる。
- それぞれの仕掛けで使う資金の比率は、買い下がりの比率で示されたそれぞれの数字を、これらの数字の合計で割ることで得られる。例えば、2/3/5の買い下がりを行うのなら、最初の仕掛けでの資金配分は、ポジションを完全に取ったときの20％［２÷（２＋３＋５）］を目標にする。２回目の仕掛け（最初の買い下がり）では、完全にポジションを取ったときの30％［３÷（２＋３＋５）］を目標にし、

最後の買い下がりでは残った50％を目標にする。

例を２つ見ておこう。どちらの場合でも、各トレードで１万ドルを割り当てる。つまり、ポジションの総額は１万ドルと仮定する。

最初の例では、1/1の比率で買い下がる。私たちは１口20ドルのETFを買おうとしていると仮定する。最初の仕掛けで目標とする資金配分は、１÷（１＋１）＝50％である。１万ドルの50％は5000ドルなので、１口20ドルということは、250口（5000ドル÷20ドル）買えるということだ。

２日後に、ETFの価格は19ドルに下げた。1/1の比率の買い下がりでは、最初の買い下がり（つまり、２回目の仕掛け）でも、総配分額である１万ドルの50％を使うことになっている。5000ドル÷19ドル＝263.16口だが、通常は１口未満では買えないので、263口を買う。

これで、１口当たりの平均価格は次のようになる。

［（250×20ドル）＋（263×19ドル）］÷513＝19.49ドル

私たちは事前に1/1の比率で買い下がると決めているので、ETFの価格がその後にどう変わろうと、それ以上は買わない。

２番目の例では、2/3/5の比率で買い下がる。最初の仕掛け時点では、ETFの価格が30ドルだと仮定しよう。私たちの目標は１万ドルの資金のうち、２÷（２＋３＋５）＝20％、または2000ドルを割り当てることだ。それは、2000ドル÷30ドル＝66.67＝66口買うことを意味する。

その翌日に、ETFは29ドルで引けたとする。2/3/5の比率では、最初の買い下がり（２回目の仕掛け）はポジション総額の30％にすべきなので、私たちはさらに3000ドル、または3000ドル÷29ドル＝103.44＝103口を買う。

私たちは今、合計169口を保有していて、１口当たりの平均価格は

次のようになる。

［（66×30ドル）＋（103×29ドル）］÷169＝29.39ドル

　その翌日、ETFは29.25ドルで引ける。これは最初の仕掛け値である30ドルよりは安いが、直前の買い下がりでの仕掛け値である29ドルを下回ってはいない。そのため、ポジションは維持するが、ほかには何もしない。

　3日後に再び下げて、28ドルになる。次の買い下がりはポジション総額の50％にすべきなので、5000ドル÷28ドル＝178.57＝178口になる。これで、保有する347口の平均価格は次のようになる。

［（66×30ドル）＋（103×29ドル）
　　　　　　　　＋（178×28ドル）］÷347＝28.68ドル

　これで、買い下がりをすべて行ったので、その後の値動きにかかわらず、これ以上は買わない。

　ルール5は明確な手仕舞い法を示している。一般的には定量化され、体系だっていて、規律ある手仕舞いのルールを持つ戦略はほとんどない。ルール5が示す、明確な手仕舞いの基準は、過去7年以上の検証結果で裏付けられているものだ。買い下がりのときと同じく、私たちはどの手仕舞い法を使うかを事前に決めておき、トレードでそのルールを一貫して用いる。

　典型的なトレードがチャートでどう見えるかを確かめておこう。この章の例ではすべて、各トレードに1万ドルを割り当てる。次の例では、少なくとも2日間、コナーズRSIの値が10以下であることを条件とする戦略を使い、2/3/5の比率で買い下がる。そして、コナーズRSIが70を超えて引けたときに手仕舞う。

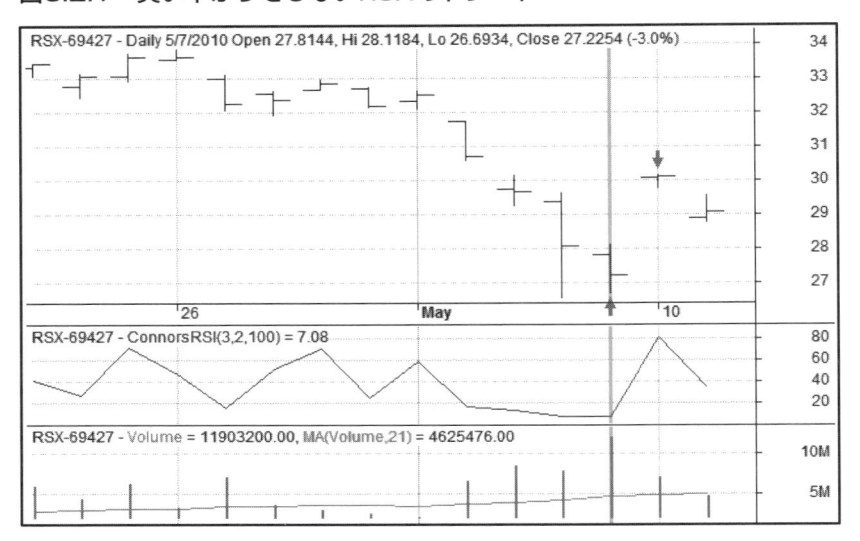

第6部 ETFの買い下がりトレード

図6.2.1 買い下がりをしないRSXのトレード

このチャートはRSX(マーケット・ベクターズ・ロシアETF・トラスト)というETFのものである。チャートには日足が示されている。そして、縦線は現在選ばれている日で、上向きの矢印が示すように仕掛け日でもある。下向きの矢印は手仕舞い日を示す。中段はコナーズRSIを示す。下段は出来高を示し、折れ線は出来高の21日移動平均線を示している。それでは、仕掛けと手仕舞いの各条件がきちんと満たされているかを確認していこう。

ルール1では、出来高の21日移動平均線が1日当たり12万5000口よりも大きいことを条件にしている。最近の平均出来高は200万口から500万口の間で、仕掛け日には460万口だったので、この条件は軽く満たしていた。

ルール2では、過去21日の最低出来高が5万口を超えることを条件にしている。このチャートでは過去21日のすべては見えないが、出来

高は仕掛け日より前の数カ月で1日当たり100万口を下回ったことはない。

私たちの戦略の変数によると、ルール3ではコナーズRSI（3、2、100）の値が少なくとも2日間、10を下回ることが必要だが、この条件も満たされている。チャート上の値は、仕掛け日に7.08、その前日は6.81だった。

仕掛けのルールを3つとも満たしているので、2010年5月7日の大引けかその辺りで、27.23ドル近くで仕掛ける。2/3/5の比率での買い下がりでは、最初のポジションサイズは割り当てた資金の20％（2÷10）なので、2000ドル（20％×1万ドル）であるべきだ。それで、RSXを73口（2000ドル÷27.23ドル）買う。

翌取引日の5月10日の月曜日にはコナーズRSIの値が大引けで80.73になり、手仕舞い水準の70を超えた。そのため、ルール5に従って、終値の30.12ドルかその近くで手仕舞う。手数料を除くと、このトレードでの総利益は次のようになる。

利益額＝（30.12ドル－27.23ドル）×73口＝210.97ドル。

投資した資金は次のとおりだった。

投資した資金＝27.23ドル×73口＝1987.79ドル。

したがって、投資した資金に対する利益率は次のようになる。

利益率＝210.97ドル÷1987.79ドル＝10.6％

しかし、買い下がり戦略を考えるときには、割り当てた資金に対するリターンを見ておくことも重要である。最初の仕掛けをするとき、

そのトレード全体に割り当てた資金の一定割合を使い、残りはその後にする可能性がある買い下がりのために取っておく。実際にそれを使って買い下がるかどうかに関係なく、確保した資金はそのトレードに縛られているので、割り当てた総額に基づくリターンも見ておくことは理にかなっている。

この例では、割り当てた資金に対する利益率は次のとおりだった。

割り当てた資金に対する利益率＝210.97ドル÷1万ドル＝2.11％

最後に、5月4日に価格が下げ始めている点に気づいてほしい。私たちがチャートを見るだけで押しを特定しようとしていたら、この日が良い買い場だと誤ったかもしれない。しかし、コナーズRSIの値が2日連続で10を割るまで待つことで、はるかに望ましい価格で5月7日に仕掛けることができた。

次に、実際に買い下がる、より複雑な例を検討しよう。次の例でも、2/3/5の比率で買い下がり、コナーズRSIの値が少なくとも2日連続で10以下であることを条件にする戦略を使う。そして、コナーズRSIが70を超えて引けたときに手仕舞う。

次はIEZ（iシェアーズ・ダウ・ジョーンズ・US・オイル・イクイップメントETF）のチャートである。表示の仕方は前の例と同様である。

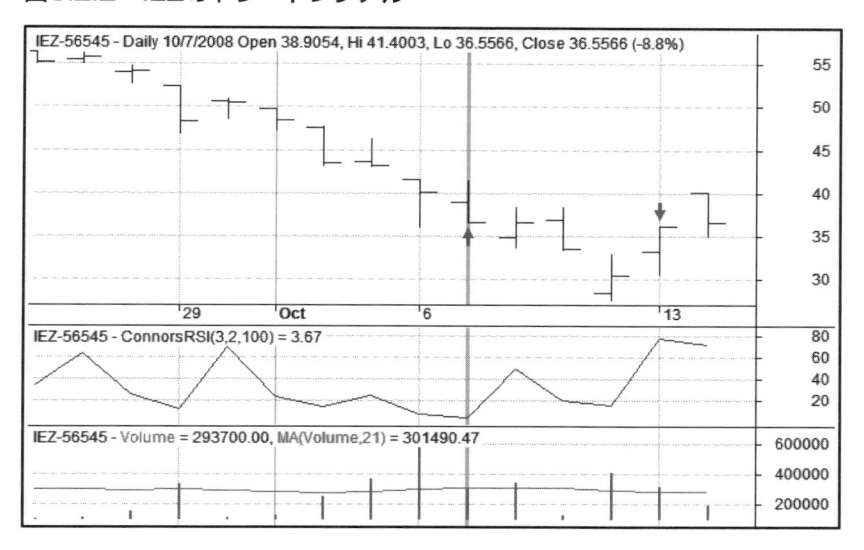

図6.2.2　IEZのトレードシグナル

過去21日の平均出来高は30万1490口で、12万5000口以上というルール1の条件を満たしている。

チャートでは完全に確かめられないが、ルール2も満たしている。9月の最低出来高は9万6900口なので、最低5万口の条件を楽に超えている。

2008年10月7日に、コナーズRSIの値が2日続けて10以下で引けたので、ルール3を満たした。仕掛けの条件のすべてを満たしたので、このトレードで使える総資金の約20％を使ってこの日に仕掛ける。したがって、このトレードに対する資金配分が1万ドルであれば2000ドルを使うということだ。仕掛ける価格は終値である36.56ドル近くになるだろう。ということは、54口（2000ドル÷36.56ドル）買うということだ。

仕掛けた翌日の10月8日に、IEZは36.57ドルで引けた。これは仕掛けたときの価格よりもわずかに高い。価格は仕掛けたときよりも高い

ので、この日には買い下がらない。また、コナーズRSIの値は70を超えていないので、手仕舞いもしない。

10月9日は、最初に仕掛けた価格である36.56ドルよりもずっと安い33.59ドルで引けた。これはルール4での買い下がりのシグナルになるので、さらに3000ドル分、または89口を買い増す。10月10日に再び下げて、30.45ドルで引けた。これはさらなる買い下がりのシグナルなので、5000ドル分、または164口を買い増す。2/3/5の比率での買い下がりでは、最大で3回の仕掛け（最初の仕掛けと2回の買い下がり）までしかしないので、配分した資金は使い切っている。したがって、手仕舞いのシグナルが点灯するまで、この状態を維持する。

翌取引日の10月13日にコナーズRSIの値が76.87で引けたので、手仕舞いのシグナルが点灯した。私たちは終値の36.24ドル近くで、すべてのトレードを手仕舞う。手仕舞った価格は最初に仕掛けた価格よりも安いが、買い下がりを行ったおかげで、このトレードでかなりの利益を出せた。

利益＝売り上げ－仕掛けの経費
利益＝（307×36.24ドル）－［（54×36.56ドル）
　　　　　＋（89×33.59ドル）＋（164×30.45ドル）］
利益＝1万1125.68ドル－9957.55ドル＝1168.13ドル

私たちは予定の買い下がりをすべて実行したので、投資した資金に対する利益率は、割り当てた資金に対する利益率に非常に近い。

投資した資金に対する利益率＝1168.13ドル÷9957.55ドル＝11.73％
割り当てた資金に対する利益率＝1168.13ドル÷1万ドル＝11.68％

最後に、コナーズRSIの値が30を割って引ける初日にトレードを仕

掛ける例を見ておこう。手仕舞いのシグナルは引き続き、コナーズRSIの値が70を超えたときだ。私たちはすでに仕掛けと手仕舞いのルールを詳しく述べたので、このトレードでは簡単に説明しよう。

次はITB（iシェアーズ・ダウ・ジョーンズ・US・ホーム・コンストラクションETF）のチャートである。

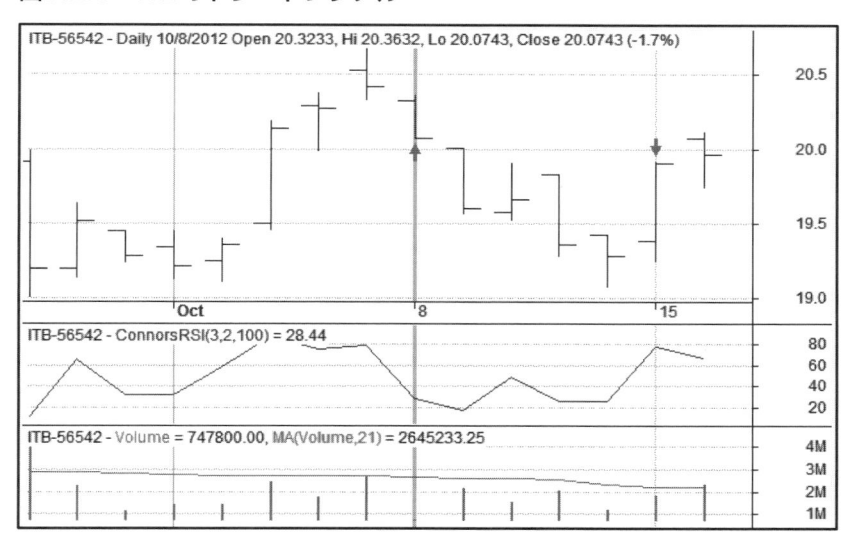

図6.2.3　ITBのトレードシグナル

見てのとおり、最初の仕掛けは2012年10月8日だ。この戦略では、仕掛けのシグナルはこれまでの例のように数日間下げたあとではなく、下げた初日に点灯していることに気づいてほしい。

終値に基づくと、10月9日、11日、12日に買い下がることが分かる。10月10日（最初の仕掛けから2日後）には何も買い下がりはしない。10日の終値が9日の終値よりも高いからだ。

10月15日に19.90ドルで引けて、コナーズRSIの値は78.11になった

ので、手仕舞う。手仕舞ったときの価格は最初に仕掛けたときの価格である20.07ドルよりも安いが、仕掛けた価格の平均である約19.44ドルは十分に上回っている。1/2/3/4の比率で買い下がったおかげで窮地を脱し、利益が出ない可能性があったトレードを利益が出るトレードに変えられたのだ！

　次の章では買い下がりと手仕舞い法をもっと詳しく見て、その次に検証結果に移る。そこでは、戦略変数のどの組み合わせが自分のトレードに最もふさわしいかを判断できるだろう。

第3章　買い下がりの比率

Scale-In Ratios

　　ETFの買い下がり戦略ではさまざまな変数を検討しているが、重要な違いのひとつは買い下がりの比率である。この章では、どの買い下がりの比率が自分のトレードにふさわしいかを決める前に、押さえておくべき点をいくつか説明しておこう。

　　買い下がる根本的な理由は、実際に仕掛けるときの平均価格を下げるためである。買い下がりの比率は次の2点で、仕掛けでの平均価格に影響を及ぼす可能性がある。

1．買い下がりの回数

　　ひとつのポジションで買い下がるたびに、より安い価格で買うことになる。繰り返して買い下がることができる戦略ほど、ETFを安く買う機会に恵まれる。

2．買い下がりのウエート

　　あとの買い下がりにより大きな「ウエート」を置けば、平均価格を下げられる。例えば、1/1/1/1の比率で買い下がれば、最後の買い下がりは仕掛けの平均価格の25％を占める。しかし、1/2/3/4の比率を使えば、最後の買い下がりは平均価格の40％を占める。

それでは、この第６部で使う買い下がりの比率を、次の仮想上の値動きに当てはめて比べてみよう。

		平均仕掛け価格			
日	ETFの価格	1/1	2/3/5	1/2/3/4	1/2/3/4/5
1	$85	$85.00	$85.00	$85.00	$85.00
2	$84	$84.50	$84.40	$84.33	$84.33
3	$83		$83.70	$83.67	$83.67
4	$82			$83.00	$83.00
5	$81				$82.33

この例では、1/2/3/4/5の比率で買い下がる方法が、最終的には平均価格が最も安くなる。しかし、５日目よりも前に手仕舞いのシグナルが点灯する値動きが起きていたら、1/2/3/4の買い下がりと1/2/3/4/5の買い下がりの平均価格は等しくなっていた。

次に、２日目の平均価格を見よう。ここで、あとの買い下がりにウエートを置いたときの効果が分かる。1/1の比率で買い下がる場合、平均価格は１日目と２日目でウエートが等しくなる（50％と50％）。だが、2/3/5の比率では、２日後のウエートは40％と60％になるので、安値である２日目のほうに大きなウエートが置かれる。残り２つの買い下がり法では、２日後のウエートは両方とも33％と67％になる。

では、完全に買い下がる前に価格が上昇して、手仕舞いのシグナルが点灯する例を見ておこう。

		平均仕掛け価格			
日	ETFの価格	1/1	2/3/5	1/2/3/4	1/2/3/4/5
1	$85	$85.00	$85.00	$85.00	$85.00
2	$84	$84.50	$84.40	$84.33	$84.33
3	$90	手仕舞い	手仕舞い	手仕舞い	手仕舞い

それぞれの比率で、どれだけの資金が投資されたかを考えてみよう。2日目の買い下がりのあと、1/1の比率では完全に買い下がっていて、割り当てた資金の100％がETFに投資されている。2/3/5の比率では、割り当てた資金の50％（5÷10）が投資されている。一方、1/2/3/4の比率では30％（3÷10）、1/2/3/4/5の比率では20％（3÷15）しか投資されていない。そのため、割り当てた資金が例えばいずれも1万ドルで、まったく同じであれば、買い下がる可能性が少ない方法のほうが投資額が大きくなるため、実は利益が大きくなる。

　結論としてまとめると、買い下がりの方法には両立しない関係があるということだ。買い下がる回数が多い方法を使うと、平均仕掛け価格を下げられる。しかし、回数を増やしすぎると、資金運用は非効率的になる。つまり、割り当てた（残しておく）資金は、実際のトレードに使われないことが多くなる。この点については、検証結果で再び見ることにする。

第4章 手仕舞いの役割

The Role of Exits

　ここまでは、ETFの買い下がりトレード戦略で、主として仕掛けのルールに焦点を合わせてきた。しかし、仕掛けはトレードの半分にすぎない。手仕舞うまでは、利益（または、損失）は確定しないので、予想されるリターンを得るためには明確で数量化された手仕舞い法を持つことが重要である。残念ながら、出版されている戦略の多くは手仕舞いのルールを完全にごまかすか、「利益目標に達したら手仕舞いなさい」といった、漠然とした指示に頼っている。それらは適切な利益目標の計算法を示していないので、「十分に儲けたと思えたら手仕舞いなさい」と言っているのと変わりないため、まったく役に立たない。

　しばらく、仕掛けと手仕舞いの考え方について話そう。仕掛けのルールも手仕舞いのルールも、どれほど厳しいか、つまり、どれほど条件を満たしやすいか、あるいは満たしにくいかという観点から考えることができる。また、厳しさは、ルールを満たす状況がどれほど頻繁に生じるかどうかの尺度だとも言える。コナーズRSIのようなオシレーターでは、値が中間にあるよりも両極端（0と100）に近い値ほど厳しく、頻繁には生じにくくなる。

　仕掛けのルールは厳しいほうが条件を満たしにくいので、通常はより厳しいルールに頼る戦略ほどトレード機会が少なくなるだろう。堅

牢な戦略であれば、トレード機会が少ないルールのほうが、平均ではたいていリターンが大きくなる。この点については、次章で検証結果を見るときに数値データで示す。ここでは簡単に述べておこう。わずかに売られ過ぎのETFを買えば、それなりの上昇にとどまる可能性が高い。しかし、大幅に売られ過ぎになるまで待てば、大きく上昇して利益が増える可能性がはるかに高くなるだろう。

　手仕舞いのルールを厳格にしても、その戦略で生じるトレード数にはほとんど影響しない。しかし、仕掛けのルールと同じく、手仕舞いのルールを厳しくするほど、通常は平均利益が増える。どうしてだろうか？　ETFの買い下がりトレードのような戦略では平均回帰を利用するのだが、手仕舞いのルールを厳しくするほどトレードが長く続きやすいため、平均回帰をする値動きに出合う機会が増えるからだ。というわけで、仕掛けでは、トレード数を増やしながら利益も増やすことはできない。また、手仕舞いでは、トレード期間を短くしながら1トレード当たりの利益を増やすことはできない。

　この戦略では、手仕舞いのルールを単純にしておいた。そうすると、コナーズRSIは単に仕掛けの優れた指標であっただけでなく、どの程度の平均回帰をとらえたかを計る非常に信頼できる指標にもなった。そのため、検証した手仕舞い法では、単にコナーズRSI（3、2、100）が事前に決めた値（50、60、70のいずれか）を超えるまで待つだけだ。私たちのリサーチによると、これらはすべて非常に堅牢な手仕舞いの指標だった。

　これらの異なる手仕舞い法を念頭に置きながら、次の例でトレード期間と利益が両立しない関係にある点を見ておこう。これはEWY（WEBS韓国ETF）のチャートである。

第4章　手仕舞いの役割

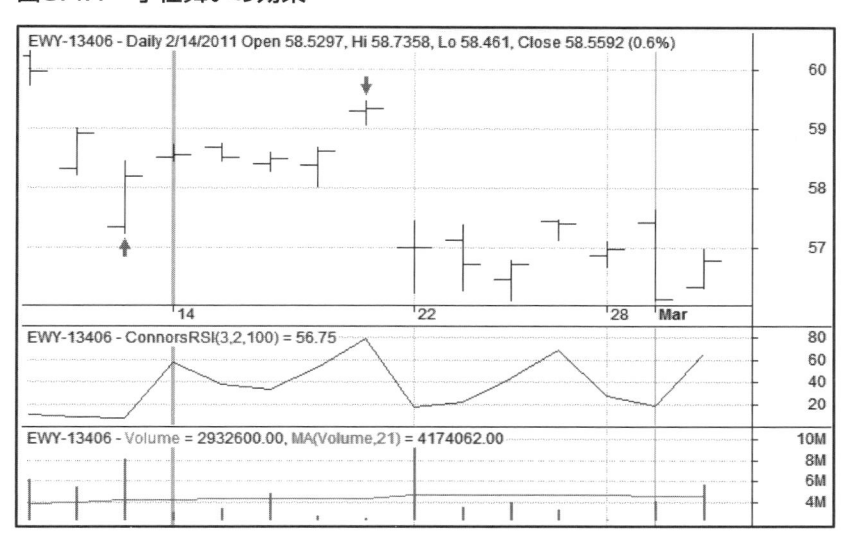

図6.4.1　手仕舞いの効果

このチャートでは、最初に58.21ドルで仕掛けたことを上向きの矢印で示している。次の5取引日の間に何が起きるかに注目してほしい。

日付	終値	コナーズRSI（3、2、100）
2/14/2011	$58.56	56.75
2/15/2011	$58.53	37.90
2/16/2011	$58.50	32.91
2/17/2011	$58.62	52.46
2/18/2011	$59.35	78.75

私たちがコナーズRSI＞50という手仕舞いの基準を使っていたら、仕掛けた翌日に小さな利益で手仕舞っていただろう。コナーズRSI＞60か70を使っていたら、5日保有してから手仕舞い、利益は0.35ドルから1.14ドルへと、はるかに大きくなっていただろう。

253

この例では、終値が最も高かったのは仕掛けてから5日目で、このときにコナーズRSIは78.75まで上昇していた。その後、価格はかなり下げて、それから数日間は利益が出る水準まで回復していないことが分かる。したがって、コナーズRSI＞70の手仕舞いルールを使っていたら、このトレードでは利益が最大になっていた。もちろん、コナーズRSIが70を超える前に、再び価格が下げてしまう例も見つかるだろう。そのため、手仕舞いの基準をあまりにも厳しくすると、手仕舞う前に含み益がなくなる恐れがある。私たちのリサーチによると、非レバレッジ型ETFの手仕舞いの指標に75以上のコナーズRSIの値を使うと、トレードを限定しすぎて効果的でなくなり、通常は総利益が減る。

　次章では、ETFの買い下がり戦略でさまざまな変数の検証結果を検討する。

第5章 検証結果

Test Results

　あるトレード戦略に従うと将来にどういう結果が得られるかを、事前に知ることは不可能だ。だが、この第6部で述べている、ETFの買い下がりトレード戦略のように完全に数量化された戦略では、少なくとも過去の結果がどうだったかの検証はできる。この手続きは「バックテスト」と呼ばれている。

　バックテストを実行するときは最初に、戦略を検証したい証券グループ（監視リストと呼ばれることもある）を選ぶ。私たちの場合、監視リストはレバレッジを掛けていない900近くの株式ETFから成る。

　次に、私たちは検証する期間を選んだ。通常、バックテストの期間が長いほど信頼性は高まり、得られる結果も役に立つ。ETFを買い下がる戦略のバックテストは2006年1月から始めた。この年にETFが非常に広まったからだ。そして、これを執筆している現在に最新データを入手できる2013年1月まで続けた。

　最後に、全検証期間で、仕掛けと手仕舞いのルールを監視リストの各ETFに当てはめて、仕掛けることができた戦略の全データを記録して集計した。

　バックテストから得られる重要な統計のひとつは平均損益で、1トレード当たり平均利益とも言われる。これを「エッジ」と呼ぶトレーダーもいる。平均損益は、％で表した利益と損失のすべての合計を、

全トレード数で割った値である。次の10トレードを考えてみよう。

トレード番号	損益
1	1.7%
2	2.1%
3	-4.0%
4	0.6%
5	-1.2%
6	3.8%
7	1.9%
8	-0.4%
9	3.7%
10	2.6%

平均損益は次のように計算する。

$$\begin{aligned}平均損益 &= (1.7\% + 2.1\% - 4.0\% + 0.6\% - 1.2\% \\ &\quad + 3.8\% + 1.9\% - 0.4\% + 3.7\% + 2.6\%) \div 10 \\ &= 1.08\%\end{aligned}$$

平均損益とは、投資した資金、つまり、各トレードを仕掛けるときに実際に使った資金に対する平均利益である。前章で述べたように、私たちは割り当てた資金に対する平均損益も見ている。これは、実際に資金をすべて使うかどうかに関係なく、すべてのトレード用に残している（割り当てている）資金に基づいて計算するものだ。

現実のトレードでは、各トレードにどれだけの資金を割り当てるかは利益率に影響する。例えば、1株当たり29ドルの銘柄を買っていると仮定しよう。1トレードにつき1000ドルを割り当てると、34株（1000ドル÷29ドル）買える。1トレードにつき1万ドルを割り当てると344株、10万ドルなら3448株買える。つまり、資金配分を10倍に増や

すと、買える株数は10倍以上になるのだ。

　トレードごとの資金配分にバイアスが生じるのを避けるために、バックテストでは、小数点以下の株数でも買えると仮定する。そのため、前の例では1000ドルの配分で34.4828株、1万ドルの配分で344.828株、10万ドルの配分で3448.28株を買えることにする。

　3日から10日の短期トレードでは、ほとんどのトレーダーは全トレードで0.5～2.5％の平均利益率を目指している。ほかの条件がすべて同じであれば、平均利益率が大きいほど口座資金は増えていくだろう。もちろん、ほかの条件がすべて同じということはけっしてない！　特に、トレード数と平均利益率は合わせて見ることが重要である。各トレードを仕掛けるときにほぼ同額の資金を使うとすると、10％の利益を上げるトレードを1回行うよりも、10回トレードを行って、1トレード当たり4％の平均利益を上げるほうがはるかに儲かるだろう。

　もうひとつの重要な統計は勝率だ。これは単に、利益が出たトレード数を全トレード数で割った値である。前の表では、10回のトレードのうち7回で利益が出ていて、リターンはプラスになっている。この例での勝率は7÷10＝70％になる。

　平均利益率が十分に高いときでも、どうして勝率を気に掛けるのか？　それは一般に、勝率が高いほうが、ポートフォリオの資産価値がより滑らかに上がっていくからだ。負けトレードは「集中」する傾向があり、そうなると、ポートフォリオの資産価値は下がる。これはドローダウンと呼ばれている。資産価値が下がると眠れなくなるか、トレードを放棄しようとさえ考えかねない。負けトレードが少ない、つまり勝率が高ければ、損失が集中しにくくなるため、ポートフォリオの資産価値は激しく変動するのではなく、滑らかに拡大しやすくなる。

ITQ（インディビジュアル・トレード・クオリティ）

コナーズ・リサーチで採用した最後の測定基準は、私たちがインディビジュアル・トレード・クオリティ（個別トレードの質）と呼んでいるもので、ITQと略する。おそらく、あなたはシャープレシオを知っているだろう。これはノーベル経済学賞を受賞したウィリアム・F・シャープが、リスク調整後のポートフォリオのパフォーマンスを測るために開発した尺度だ。ポートフォリオから得られるリターンのボラティリティを使ってリスクを測定するとき、シャープレシオの値が高いほど、リスク調整後のリターンが良いことを意味する。

ITQとは、リスク調整後のリターンを1トレードについて見たもので、シャープレシオと似た考え方を個別トレードに当てはめたものだ。そのため、ほかの条件がだいたい等しければ、ITQが高い戦略のほうが好まれるだろう。

ITQは次の公式で計算できる。

ITQ＝（1トレード当たり平均損益）
　　　÷（1トレード当たり損益の標準偏差）

平均損益と標準偏差は、さまざまな状況に関するバックテストから得られる。1人のトレーダーの実際の運用実績だけを使うと、そのトレーダーが避けたトレードが考慮されないため、誤解を招きかねない。

おそらく、ITQの有用性が最も簡単に分かるのは、1トレード当たり平均損益が基本的に同じ2つの戦略を比べたときだろう。ただし、2つのITQのうちの1つが目立って高い場合は、そちらの戦略のほうがかなり安定した結果を生むだろう。ということは、そのリターンは予想される平均に近くなる可能性がはるかに高いということだ。

それでは、ETFの買い下がりトレード戦略の検証結果を、さまざまな変数の組み合わせで見ていこう。最初は、検証結果を平均損益が最も高い順に並べたときの、トップ20の変数の組み合わせを示す。

平均利益に基づくトップ20の変数の組み合わせ

トレード数	平均損益	ITQ	配分資金に対する平均損益率	配分資金に対するITQ	平均保有日数	勝率	仕掛けでのCRSI	最低日数	買い下がり	手仕舞いでのCRSI
196	5.65%	1.34	1.29%	0.75	2.47	97.96%	10	3	'1/2/3/4/5	70
196	5.60%	1.29	1.88%	0.71	2.47	96.94%	10	3	'1/2/3/4	70
196	5.37%	1.21	2.97%	0.72	2.47	95.41%	10	3	'2/3/5	70
196	5.07%	1.21	1.18%	0.68	1.97	96.43%	10	3	'1/2/3/4/5	60
196	5.06%	1.20	1.75%	0.67	1.97	95.41%	10	3	'1/2/3/4	60
196	4.89%	1.15	2.78%	0.68	1.97	93.88%	10	3	'2/3/5	60
196	4.65%	1.10	1.05%	0.61	1.78	94.39%	10	3	'1/2/3/4/5	50
196	4.64%	1.10	1.56%	0.61	1.78	93.37%	10	3	'1/2/3/4	50
196	4.51%	1.05	2.56%	0.62	1.78	92.35%	10	3	'2/3/5	50
196	4.42%	1.03	3.18%	0.83	2.47	91.33%	10	3	'1/1	70
871	4.17%	1.07	0.89%	0.47	2.74	95.18%	10	2	'1/2/3/4/5	70
871	4.10%	1.02	1.27%	0.45	2.74	93.92%	10	2	'1/2/3/4	70
196	4.00%	1.01	2.86%	0.79	1.97	90.82%	10	3	'1/1	60
871	3.73%	0.93	1.46%	0.50	2.74	91.85%	10	2	'2/3/5	70
196	3.66%	0.90	2.54%	0.70	1.78	89.29%	10	3	'1/1	50
873	3.54%	0.96	0.78%	0.42	2.06	94.27%	10	2	'1/2/3/4/5	60
873	3.51%	0.94	1.13%	0.41	2.06	93.93%	10	2	'1/2/3/4	60
692	3.49%	0.97	0.77%	0.43	3.06	93.35%	15	3	'1/2/3/4/5	70
692	3.35%	0.88	1.02%	0.41	3.06	92.05%	15	3	'1/2/3/4	70
873	3.19%	0.88	1.25%	0.47	2.06	92.33%	10	2	'2/3/5	60

次は各列についての説明だ。

トレード数とは、2006年1月1日～2013年1月31日にこの変数の組み合わせでシグナルが点灯した回数である。

平均損益とは、全トレードの利益または損失を平均し、投資した資金に対して％で表したものである。トップ20の組み合わせではすべて利益が出ていて、3.19％から5.65％の範囲にある。

ITQとは、すでに述べたように個別トレードの質を測る尺度で、投資した資金に対する利益を使って計算する。より高い値のほうが普通は良い。上の表では、1.0を上回る値が多い。対照的に、買い下がりをしない変数で得られるITQでは、最も高いもので0.74だった。

配分資金に対する平均損益とは、全トレードの利益または損失を平均し、割り当てた資金に対して％で表したものである。

配分資金に対するITQとは、割り当てた資金に対する利益を使って計算したときの、個別トレードの質である。すでに述べたように、一般により高い値のほうが良いが、割り当てた資金に対するITQと、投資した資金に対するITQは比較できない点に注意してもらいたい。比較は同じ列の値どうしで行う必要がある。

平均保有日数とは、平均トレード日数である。すべての検証結果で、これは4日に満たない。

勝率とは、点灯したシグナルのうちで利益が出た割合である。トップ20の勝率はすべて89％以上で、いくつかは95％以上である！　多くのトレーダーが勝率60％を目指している世界にあって、これは極めて高い勝率である。

仕掛けでのCRSIと**最低日数**は、ルール3の変数を指定するもので、コナーズRSIの値が少なくともY日間、仕掛ける前にこれを下回っていなければならない。Yの値は表の最低日数の列で示されている。私たちは1日、2日、3日の「最低日数」で、コナーズRSIの値が10、15、20、25、30の場合を検証した。予想できるように、コナーズRSI

の値が低いものがこのリストを占めている。

　買い下がりとは、戦略のルール４で述べたように、買い下がりの比率である。買い下がりはこの第３章で詳しく説明している。

　手仕舞いでのCRSIとは、手仕舞いのシグナルが点灯するために、超えなければならないコナーズRSIの値である。コナーズRSIの値が３日間、10を下回っているなど、仕掛けでの変数が同じもの同士の場合、最も厳しい手仕舞い基準（手仕舞いでのコナーズRSIの高い値）を持つ変数が、１トレード当たりの利益率は最も高いが、トレード期間は最も長くなる。これは第４章の説明と一貫している。

次に、ITQの値を最も高い順に並べたときのトップ20の変数を見よう。

ITQが高いトップ20の変数の組み合わせ

トレード数	平均損益	ITQ	配分資金に対する平均損益	配分資金に対するITQ	平均保有日数	勝率	仕掛けでのCRSI	最低日数	買い下がり	手仕舞いでのCRSI
196	5.65%	1.34	1.29%	0.75	2.47	97.96%	10	3	'1/2/3/4/5	70
196	5.60%	1.29	1.88%	0.71	2.47	96.94%	10	3	'1/2/3/4	70
196	5.37%	1.21	2.97%	0.72	2.47	95.41%	10	3	'2/3/5	70
196	5.07%	1.21	1.18%	0.68	1.97	96.43%	10	3	'1/2/3/4/5	60
196	5.06%	1.20	1.75%	0.67	1.97	95.41%	10	3	'1/2/3/4	60
196	4.89%	1.15	2.78%	0.68	1.97	93.88%	10	3	'2/3/5	60
196	4.65%	1.10	1.05%	0.61	1.78	94.39%	10	3	'1/2/3/4/5	50
196	4.64%	1.10	1.56%	0.61	1.78	93.37%	10	3	'1/2/3/4	50
871	4.17%	1.07	0.89%	0.47	2.74	95.18%	10	2	'1/2/3/4/5	70
196	4.51%	1.05	2.56%	0.62	1.78	92.35%	10	3	'2/3/5	50
196	4.42%	1.03	3.18%	0.83	2.47	91.33%	10	3	'1/1	70
871	4.10%	1.02	1.27%	0.45	2.74	93.92%	10	2	'1/2/3/4	70
196	4.00%	1.01	2.86%	0.79	1.97	90.82%	10	3	'1/1	60
692	3.49%	0.97	0.77%	0.43	3.06	93.35%	15	3	'1/2/3/4/5	70
873	3.54%	0.96	0.78%	0.42	2.06	94.27%	10	2	'1/2/3/4/5	60
873	3.51%	0.94	1.13%	0.41	2.06	93.93%	10	2	'1/2/3/4	60
871	3.73%	0.93	1.46%	0.50	2.74	91.85%	10	2	'2/3/5	70
196	3.66%	0.90	2.54%	0.70	1.78	89.29%	10	3	'1/1	50
2463	3.04%	0.90	0.51%	0.30	3.23	94.15%	15	2	'1/2/3/4/5	70
692	3.35%	0.88	1.02%	0.41	3.06	92.05%	15	3	'1/2/3/4	70

　この表の戦略の変数が前の表とほとんど同じ点に気づいてほしい。これは利益率が最大の変数は最も安定している、つまり、トレードごとの変動が最も小さいことも示している。

　前の表では、1/2/3/4/5の比率がしばしば、同じ仕掛け基準の1/2/3/4の比率のすぐ上に現れている。これら2つでは、平均損益（すなわち、投資した資金に対する利益率）は非常に似ているが、割り当てた資金に対する損益は通常、1/2/3/4の場合のほうが高い。これは1/2/3/4/5の変数における最後の買い下がりは、実際にはたいした利益をもたらしていないため、1/2/3/4の変数のほうが効率的な資金運用になっているからだ。

次の表では、割り当てた資金に対する利益率が最も高い変数の組み合わせを示している。

割り当てた資金に対する平均損益で見たトップ20の変数

トレード数	平均損益	ITQ	配分資金に対する平均損益	配分資金に対するITQ	平均保有日数	勝率	仕掛けでのCRSI	最低日数	買い下がり	手仕舞いでのCRSI
196	4.42%	1.03	3.18%	0.83	2.47	91.33%	10	3	'1/1	70
196	5.37%	1.21	2.97%	0.72	2.47	95.41%	10	3	'2/3/5	70
196	4.00%	1.01	2.86%	0.79	1.97	90.82%	10	3	'1/1	60
196	4.89%	1.15	2.78%	0.68	1.97	93.88%	10	3	'2/3/5	60
196	4.51%	1.05	2.56%	0.62	1.78	92.35%	10	3	'2/3/5	50
196	3.66%	0.90	2.54%	0.70	1.78	89.29%	10	3	'1/1	50
196	5.60%	1.29	1.88%	0.71	2.47	96.94%	10	3	'1/2/3/4	70
871	3.05%	0.73	1.80%	0.56	2.74	87.03%	10	2	'1/1	70
196	5.06%	1.20	1.75%	0.67	1.97	95.41%	10	3	'1/2/3/4	60
196	4.64%	1.10	1.56%	0.61	1.78	93.37%	10	3	'1/2/3/4	50
873	2.58%	0.69	1.50%	0.52	2.06	87.86%	10	2	'1/1	60
871	3.73%	0.93	1.46%	0.50	2.74	91.85%	10	2	'2/3/5	70
692	2.99%	0.73	1.36%	0.40	3.06	88.73%	15	3	'1/1	70
692	2.18%	0.51	1.35%	0.36	3.06	81.94%	15	3	'1/1	70
196	5.65%	1.34	1.29%	0.75	2.47	97.96%	10	3	'1/2/3/4/5	70
871	4.10%	1.02	1.27%	0.45	2.74	93.92%	10	2	'1/2/3/4	70
875	2.23%	0.62	1.26%	0.46	1.70	88.80%	10	2	'1/1	50
873	3.19%	0.88	1.25%	0.47	2.06	92.33%	10	2	'2/3/5	60
196	5.07%	1.21	1.18%	0.68	1.97	96.43%	10	3	'1/2/3/4/5	60
692	2.52%	0.70	1.14%	0.36	2.23	88.87%	15	3	'2/3/5	60

この表では、買い下がりの回数が少ないほど、割り当てた資金に対する利益率が高いという傾向がある。しかし、この尺度で最大のものを選ぶと、投資した資金に対する平均損益と勝率は下がる。これは理にかなっている。買い下がりの回数を増やすためには、めったに使わない資金を残しておく必要があるからだ。これを避けるために、予定している買い下がりに必要な資金の全額を確保しないトレーダーもいる。彼らは最後の買い下がりを信用取引に頼るか、十分なトレード資金が残っていないときには単にそこでやめるのだ。投資した資金に対する利益率と割り当てた資金に対する利益率との最も良いバランスは、自分が何を望んでいるかで決まるだろう。

最後に、利益が出たトレードの比率が最も高い変数の組み合わせを見よう。

勝率が高いトップ20の変数の組み合わせ

トレード数	平均損益	ITQ	配分資金に対する平均損益	配分資金に対するITQ	平均保有日数	勝率	仕掛けでのCRSI	最低日数	買い下がり	手仕舞いでのCRSI
196	5.65%	1.34	1.29%	0.75	2.47	97.96%	10	3	'1/2/3/4/5	70
196	5.60%	1.29	1.88%	0.71	2.47	96.94%	10	3	'1/2/3/4	70
196	5.07%	1.21	1.18%	0.68	1.97	96.43%	10	3	'1/2/3/4/5	60
196	5.06%	1.20	1.75%	0.67	1.97	95.41%	10	3	'1/2/3/4	60
196	5.37%	1.21	2.97%	0.72	2.47	95.41%	10	3	'2/3/5	70
871	4.17%	1.07	0.89%	0.47	2.74	95.18%	10	2	'1/2/3/4/5	70
196	4.65%	1.10	1.05%	0.61	1.78	94.39%	10	3	'1/2/3/4/5	50
873	3.54%	0.96	0.78%	0.42	2.06	94.27%	10	2	'1/2/3/4/5	60
2463	3.04%	0.90	0.51%	0.30	3.23	94.15%	15	2	'1/2/3/4/5	70
873	3.51%	0.94	1.13%	0.41	2.06	93.93%	10	2	'1/2/3/4	60
871	4.10%	1.02	1.27%	0.45	2.74	93.92%	10	2	'1/2/3/4	70
196	4.89%	1.15	2.78%	0.68	1.97	93.88%	10	3	'2/3/5	60
5103	2.43%	0.82	0.37%	0.21	3.58	93.45%	20	2	'1/2/3/4/5	70
875	3.05%	0.86	0.65%	0.37	1.70	93.37%	10	2	'1/2/3/4/5	50
196	4.64%	1.10	1.56%	0.61	1.78	93.37%	10	3	'1/2/3/4	50
692	3.49%	0.97	0.77%	0.43	3.06	93.35%	15	3	'1/2/3/4/5	70
875	3.03%	0.84	0.97%	0.36	1.70	93.26%	10	2	'1/2/3/4	50
2487	2.48%	0.79	0.38%	0.25	2.27	92.92%	15	2	'1/2/3/4/5	60
3708	2.41%	0.83	0.46%	0.24	3.46	92.83%	25	3	'1/2/3/4/5	70
8344	2.27%	0.81	0.35%	0.20	3.72	92.81%	25	2	'1/2/3/4/5	70

トップ20はすべて、トレード回数の92％以上で利益が出ていた！　この統計だけでは、これまで見てきたほかの結果ほどの重要性はないかもしれないが、ETFの買い下がり戦略に驚くべき一貫性があることがはっきり分かる。

第6章 ETFの買い下がり戦略に基づくオプションのトレード

Trading Options Using the ETF Scale-In Trading Strategy

　コナーズ・リサーチのトレード戦略シリーズでは、オプションの解説はどれもほぼ同じである。この戦略のセットアップではしばしば短期間の大きな動きを利用するからだ。私たちの考えや、オプションのプロトレーダーの友人たち（一人は30年以上の経験者）に確かめたことでは、こうした動きでトレードを行う最も良い方法がひとつある。

　オプションのトレードは、過去5年の間にマーケットで大きく成長した分野である。これは売買スプレッドが小さくなり、流動性が高まり、複雑なオプションをかつてないほど簡単にトレードできるようになったためである。

　では、ここで説明した相場の短期的な動きで、オプションをトレードする方法に焦点を合わせよう。ここでの戦略すべてに言えるが、シグナルが点灯したときにオプションのトレードを行うには、明確なルールがある。

　データに基づいて言えることは、次のとおりだ。

1．仕掛けから手仕舞いまでの保有期間の大半は非常に短かった（2〜10取引日）。
2．1トレード当たり平均利益は大きく、短期の標準的な値動きを大幅に超えていた。

3．それらの値動きのかなりの割合で利益が出た。

　私たちがこの種の値動きを見るとき、多くの戦略が考えられるが、ひとつの戦略が目立って良い（これは、プロトレーダーたちも認めている）。この戦略では、期近物でイン・ザ・マネーのコールを買う。

　なぜ、期近物のイン・ザ・マネーのコールを買うのか？　それらが、連動するETFに最も近い値動きをするからだ。そして、オプションがETFに近い動きをするほど、その動きが思惑どおりであれば、利益率が高くなるからだ。

　売買ルールは次のとおりだ。

1．シグナルが点灯する。
2．期近のイン・ザ・マネーのコールを買う。通常、そのETFを500口買っているのなら、コールを5枚買う（100口はコール1枚に等しい）。
3．そのETFで手仕舞いシグナルが点灯すれば、オプションを手仕舞う。

　先を進めよう。

1．イン・ザ・マネーとは具体的に何を意味するのか？

　ここでの場合、権利行使価格がイン・ザ・マネーとなる1つか2つ目のオプションという意味だ。そのETFが今、48ドルであれば、40ドルか45ドルのコールを買うということになる。

2．どうして期近なのか？

　保有期間が非常に短いので、満期日が最も近いオプションでトレー

ドを行うほうがよいからだ。ただし、期近物のオプション満期日から7取引日以内（つまり、第2木曜日の前かその近く）であれば、翌限月でトレードを行う。

3．ポジションを取っていて満期日を迎えたが、ETFの売買シグナルがまだ有効であるときは、どうするか？

その場合は、翌限月に乗り換える。ETFのシグナルに合わせてトレードを行っているのなら、シグナルが有効であるかぎり、ポジションを取り続けたほうがよいからだ。

4．流動性とスプレッドについてはどうだろう？

ここでは慎重さが要求される。オプションで流動性が正確に何を意味するかについて、明確なルールはない。例えば、あなたがトレードしたいETFの流動性を、SPY（S&P500株価指数オプション）と比べてみよう。SPYはほかのほとんどのETFよりも極めて流動性が高い。両方とも流動性があるとみなせるが、レバレッジ型ETFのオプションにはSPYほどの流動性はない。

オプションが活発に取引されているとして、売買スプレッドを見よう。オプションの気配値が買い3.00ドル、売り3.30ドルであれば、スプレッドは10％である。本当に10％のスプレッドを克服して、利益を出せるだろうか？　それはありそうにない。では、気配値が買い3.25ドル、売り3.30ドルのオプションならどうだろう。これならずっと満足できて、取引可能だ。

5．ETFではなく、コールオプションを買う利点は何だろう？

流動性があり、スプレッドも小さければ、利点は大きい。

1．投資資金に対する収益が大きくなる可能性がある。
2．縛られる資金が少なくて済む。

3. リスクにさらされる資金の比率が小さい。あるETFの買いシグナルが50ドルで点灯すれば、最高で50ドルを失う可能性がある。しかし、オプションであれば、代金として支払うプレミアム以上は失わない。だから、45ドルのコールを買えば、リスクはプレミアムだけだ。
4. 柔軟性が大きい。例えば、あるETFが50ドルで買いシグナルを発して、45ドルのコール代として5.50ドルを払ったとしよう。そのETFがすぐに上昇すれば（56ドルとしよう）、そこで選択肢が生まれる。あなたは手仕舞ってもよいし、資金のほとんどを回収したうえで、50ドルのコールに乗り換えてもよい。価格がそのまま上昇し続けると思っているのなら、これはほとんどリスクなしのトレードになる。

このような例は無数にある。そして、この種の戦略を用いる機会に関しては、オプションに関するほとんどの本に載っている。しかし、特殊なオプション売買や、単にコールを買う以外のトレードは、私たちが質問した多くの専門家のアドバイスに反する。

結論として、オプションはETFそのものを買う代替の良い選択肢になる。私たちの戦略でのトレード法では、期近のイン・ザ・マネーを使い、ETFでの通常のトレードと等しいサイズ（100口につき1枚のオプション）で仕掛けて、ETFで手仕舞いのシグナルが点灯したときに手仕舞う。

多くの専門家の意見によると、このオプション戦略は、それらのシグナルで過去のデータを見たときに、最も優れていて最も効率的な戦略である。

第 7 章 終わりに

Additional Thoughts

1. この第6部で分かったように、ETFの買い下がりトレード戦略を一貫して用いれば、大きなエッジがあることがデータで示された。

2. あなたが使える組み合わせは文字どおり、何百通りもある。ルールで述べた変数を調整すれば、その戦略をあなた向きに変えることができる。トレード回数を増やしたければ、仕掛けでコナーズRSIの高い値を使うか、「最低日数」の値を下げればよい。平均リターンを大きくしたければ、最も厳しい仕掛けの基準（低いコナーズRSIの値）と、最も長い保有期間（コナーズRSIの値が70を超えたときに手仕舞う方法）を持つ変数を調べるとよい。仕掛けと手仕舞いを素早く行い、トレードを翌日に持ち越すリスクを減らして、資金をほかのトレードに振り向けられるようにしたいのであれば、コナーズRSIの値が50を超えたときに手仕舞う変数を使うとよい。変数が結果にどういう影響を及ぼすかを理解できれば、自分のトレードスタイルに最も合う変数を見つけられる。

3. 損切りのストップについてはどうだろうか（これに対する答えはすべての戦略ガイドブックに載せている）？

私たちは、『コナーズの短期売買入門』（パンローリング）を含めた出版物で、ストップ注文についてのリサーチを発表してきた。
　私たちが発見したことは、損切りのストップを置くとパフォーマンスが落ちやすく、多くの場合、エッジがまったく消えるということだった。たしかに、買った銘柄が下げ続けたときに、ストップ注文で損切りできれば気分が良い。一方で、多くの短期トレード戦略について最大20年の検証をした結果では、ストップ注文を置くと頻繁に損切りをさせられて、非常に多くの損失が積み上がっていくことが示されている。ほとんどのトレード戦略では、こうした損失の蓄積を克服できない。
　多くのトレーダーは損切りのストップ注文を必ず置かなければならない。そうすることで、彼らは特に難しいトレードでも心理的に受け入れることができるからだ。ストップ注文を使うかどうかは、自分で決めるべきことだ。だが、概して言えば、ストップ注文を置くと、ここで紹介した戦略やほかの多くの短期戦略で得られるエッジは低くなる。繰り返すが、ストップ注文を置くかどうかは、あなた自身が決めるべきことだ。私たちはどちらの手法を使うトレーダーにも、成功者がいることを知っている。

4．検証では、スリッページと手数料は考慮に入れていない。それらを考慮に入れて（仕掛けでは指値を使っているので、スリッページは問題にならない）、取引費用が最低になるようにしよう。現在では、ほとんどの証券会社が1株当たり1セント以下で取引できる。だから、特にあなたが活発にトレードをするのなら、自分にふさわしい会社を選ぼう。オンライン証券会社はあなたと取引をしたがっている。
　このコナーズ・リサーチ社のトレード戦略シリーズを楽しんでいただけていたら幸いである。この戦略について質問があれば、

info@connorsresearch.com に遠慮なく電子メールを送っていただきたい。

第7部

ボリンジャーバンドを利用したトレード——数量化された指針

Trading with Bollinger Bands–A Quantified Guide

第1章 ボリンジャーバンドと％ｂを利用したトレードについて

A Look at Bollinger Bands and %b

　ボリンジャーバンドは伝説的なマネーマネジャー兼研究者で、『**ボリンジャーバンド入門**』（パンローリング）の著作もあるジョン・ボリンジャーが考案した指標で、ほぼすべてのマーケットで世界中のトレーダーに利用されていて、最も人気がある指標のひとつである。今日では、ボリンジャーバンドを表示していないチャートはめったに見かけない。その銘柄がどの程度まで買われ過ぎか売られ過ぎかを判断できる視覚化ツールとして、不可欠な指標になっているからだ。

　ボリンジャーバンドを利用したトレード法については、有り余るほどの情報が発信されてきた。しかし、その多くは裁量手法である。ボリンジャーバンドの使い方の解説では、価格がこの指標と比べてどういう動きをしているかをたいていトレーダーの解釈にゆだねている。

　だが、この第7部は違う。

　買われ過ぎと売られ過ぎのカギとなる水準をボリンジャーバンドで正確に特定する方法や、価格がどの水準に達したときに過去のリターンがどうなっていたかを知ったうえでこの指標を使う方法を教えるつもりだ。

　この第7部では、過去に最も良かった仕掛けと手仕舞いの水準を見極める方法を示す。また、日中の押しもさまざまな水準で見て、この指標のエッジ（優位性）を高められるようにする。さらに、多くの手

仕舞いポイントを示して、より柔軟にトレードができるようにする。

私たちは2001年1月から2012年5月（この第7部を書き始めたとき）までの期間について、1株5ドル以上で、平均出来高が25万株以上あるアメリカの株式をすべて調べた。これには買収された企業や上場廃止した企業も含まれる。私たちは流動性の高い株式のボリンジャーバンドや、特にその構成要素である％ｂの毎日の動きを10年以上にわたって調べた。すると、適切に用いれば、％ｂには短期的な値動きを予測する力がかなり高いことが分かった。総合的に見て、この戦略はボリンジャーバンドを使った最も堅牢で数量化された株式トレード戦略のひとつである。

この戦略について説明する前に、ボリンジャーバンドの正確な意味や、この指標の優れた要素であり特に焦点を合わせたい％ｂの計算について見ておこう。

ボリンジャーバンドとは何か？

ボリンジャーバンドは、現在の価格がそれまでの動きと比べてどの程度高いか安いかを測るために使われる。

この第7部の戦略で使うボリンジャーバンドは次の要素から成る。

- 5期間移動平均線から1標準偏差上のバンドライン
- 5期間移動平均線から1標準偏差下のバンドライン

価格が下のラインに近いほど売られ過ぎで、上のラインに近いほど買われ過ぎであることを示す。

ボリンジャーバンドに関するリサーチや、それを用いる戦略のほとんどはこの考え方に従い、さらにほかのフィルターを追加して戦略を作る傾向がある。先ほど述べたように、厳密なルールを持っていて、

何年もの検証で裏付けられた戦略はほとんどない。このガイドブックではそれがあるという点で、ほかの戦略よりも優れている。

　私たちの考え（これは統計で裏付けられている）では、株式をトレードするときにボリンジャーバンドの％ｂを使えば、適切な仕掛けと手仕舞いの水準が正確に分かる。

　％ｂはボリンジャーバンドから導き出される指標で、上下のバンドラインと比べた株価の位置を数値化したものだ。

　％ｂの初期値はボリンジャーバンド（５、１）の設定に基づいている。ボリンジャーバンドは中央のバンドラインである５日単純移動平均線と、その上下１標準偏差にあるバンドラインから成る。株価は終値（または、日中の最後の取引値）である。

　％ｂの計算は次のとおりだ。

　％ｂ＝（株価－下のバンドライン）
　　　　　÷（上のバンドライン－下のバンドライン）

- 株価が上のバンドラインにあるとき、％ｂは１に等しい。
- 株価が下のバンドラインにあるとき、％ｂは０に等しい。
- 株価が上のバンドラインの上にあるとき、％ｂは１よりも大きい。
- 株価が下のバンドラインの下にあるとき、％ｂは０よりも小さい。
- 株価が中央のバンドライン（５日単純移動平均線）を超えているとき、％ｂは0.5よりも大きい。
- 株価が中央のバンドライン（５日単純移動平均線）を割っているとき、％ｂは0.5よりも小さい。

　理想的には、％ｂの値が数日にわたって0.1を割ったときに株を買いたい。％ｂの値が低いほど、また低い値が何日も連続するほど、株

価は売られ過ぎであり、過去のエッジは大きかった。これがボリンジャーバンドを利用したトレードのカギである。これに２～３のフィルターを追加すると、過去11年以上にわたって１トレード当たり平均利益と勝率が高い戦略を作ることができる。

％ｂの指標は、StockCharts.com で設定を（５、１）にすれば表示できる。

では、ルールの詳細と変数を説明したあとで、過去の検証結果を見ることにしよう。

第2章　ルール

The Rules

　ボリンジャーバンドと、特にその要素である％ｂを使ってトレードをするときには、できるだけ明確なルールに基づいた戦略に従うほうがよい。では、株式をトレードするためのルールに入ろう。

1．株価が5ドルを超えていること。
2．過去21日（1カ月）での1日の平均出来高は少なくとも25万株あること。これで、確実に流動性がある銘柄であることが保証される。
3．その銘柄の100日のHV（ヒストリカルボラティリティ）が30を超えていること（第2部の付録を参照）。
4．10日のADXが30を超えていること（第2部の付録を参照）。
5．終値がその銘柄の200日移動平均線を超えていること。
6．その銘柄の％ｂがY日（Y＝2、3、4）続けて、X（X＝0.1、0、−0.1）を下回っていること。この値が0を下回って引けたときは、株価が下のバンドラインを割って引けていることを意味する。
7．上のルールが満たされれば、翌日に今日の終値よりもさらにZ％（Z＝4％、6％、8％、10％）下に今日限りの指値を入れて買う。
8．％ｂが1.0（上のバンドライン）を上回って引けたときに、終値で手仕舞うこと。私たちはさらに、終値で％ｂが0.50か0.75を超えたときや終値が初めて上昇したときの手仕舞い、2期間RSIや

移動平均を使う手仕舞い、同じ日の手仕舞い（デイトレード）の検証結果も示す。ここでの目標は、できるだけ多くの知識を持って手仕舞えるようにすることだ。

では、ルール3～8について、もっと詳しく見ておこう。

ルール3とルール4によって、十分にボラティリティがあり、大きく動きそうな銘柄を選ぶことができる。

ルール5で、長期的な上昇トレンドである銘柄を選ぶことができる。

ルール6は押しを特定するためのものだ。％ｂの値が数日続けて0.1を割って引けたら、短期的な押しとしては十分である。ボリンジャーバンドの％ｂは数日続けて、低い水準を下回っていることが望ましい。％ｂの水準が低いほど、その銘柄は売られ過ぎで、その後1～2週間のリターンは大きかった。

ルール7によって、％ｂの押しが目立った銘柄を選ぶことができる。ほとんどの押し目買いでは、たいしたエッジは得られないかもしれない。だが、このルールによって押しはさらに深くなる。また、押しが日中に生じるために、しばしば恐れが広まる。マネーマネジャーたちは売ると決めたら特に神経質になり、「とにかく手仕舞ってくれ」と、よく主任トレーダーに指図する。この狼狽売りが買いの機会を生む。私たちは日中にさらに押したときに、指値注文で買いたいと思っている。私たちは、％ｂの水準がすでに売られ過ぎを示している銘柄が、日中にさらに売られ過ぎになるまで待っているのだ。

ルール8によって、規律があって数量化された手仕舞いができる。数量化されていて、明確で規律がある手仕舞いのルールを持つ戦略はほとんどない。だが、ルール8から、過去10年以上の検証結果で裏付けられた、手仕舞いの明確な変数が得られる。

それでは、検証結果を見よう。

第3章 検証結果

Test Results

　短期（3～10取引日）での優れたエッジ（1トレード当たり平均利益という意味）とはどの程度のことを言うのかとトレーダーに問われれば、だいたい1トレード当たり0.5～2.5％と答える。これは総トレードで計算した数字だ。

　つまり、（勝ちトレード数×平均利益）－（負けトレード数×平均損失）を、総トレード数で割った数字である。例えば、そのシステムでの総トレード数が100で、60％の勝ちトレードで平均2％の利益を得て、40％の負けトレードで平均1％の損失を出していれば、「120％－40％」を100で割った値が利益になる。この例では、1トレード当たり平均利益は0.80％ということだ。

　買いでの短期的なエッジは、恐れから生じることが多い。この恐れは市場参加者が示す感情であり、市場全般や個々の銘柄に対する恐れという形を取る。恐れが最も高まるときに最大のエッジが得られる。だれでも怖くなると、たいていは資金を守るために持ち株を売る。よく知られている闘争・逃走反応を思い出してもらいたい。狼狽売りが起きるときには、トレーダーや投資家は逃走態勢に入っている。そして、そのときに株価に短期的なゆがみが生じて、トレード機会が生まれるのだ。

　相場で恐れが広がる要素はいくつかある。最も一般的な要素は2つ

あり、ひとつは株価の急落か市場の動揺だ。もうひとつは時間だ。私たちは統計データに基づく検証で、この点を繰り返し見てきた。急落が長く続くほど恐れは大きくなり、存在しているエッジは大きくなる。

3番目の要素は日中に生じる恐れである。これはトレードで最も強力だが、最も書かれることが少ない側面だ。ある銘柄（もしくは、市場全般）が数日にわたって急落したあと、日中に大きく売り込まれるとする。そうした日中の急落は、まったくの狼狽から生じることが多い。あわてふためくと、トレーダーは株価がいくらであっても売るので、願ってもないトレード機会が生まれる。ボリンジャーバンドを使うトレード戦略を見て、日中に深い押しがあったときに買いを目指すとき、このことが分かるだろう。過去のリターン（エッジ）は非常に高かった。

それでは、ボリンジャーバンドを使う戦略ごとに、トップ20のリターンを見ていこう。これらは2001年1月から2012年5月（これが書かれているとき）までの11年以上の期間のリターンである。これらの検証結果では、その銘柄の終値で％bの値が1.0を超えているときに手仕舞うことにする。あとの章では、ほかの手仕舞い法を用いた場合の結果も見る。

ここでの利益とエッジはかなり大きかった。日中の押しが6～10％と、最大になったときは特にそう言える。

第3章 検証結果

表7.3.1　1トレード当たり平均利益に基づくトップ20の戦略

トレード数	平均損益	平均保有日数	勝率	手仕舞い法	仕掛けでの指値水準	％bの境界	最低日数
217	7.86%	6.35	76.04%	%b>1	10	0	4
83	7.86%	6.43	73.49%	%b>1	10	-0.1	4
145	6.51%	7.01	75.86%	%b>1	8	-0.1	4
493	6.23%	6.50	73.43%	%b>1	10	0	3
434	6.20%	6.56	73.73%	%b>1	10	0.1	4
411	6.18%	6.49	77.37%	%b>1	8	0	4
569	5.86%	6.79	73.46%	%b>1	10	0	4
212	5.48%	6.76	71.23%	%b>1	10	-0.1	4
236	5.28%	7.09	69.92%	%b>1	10	-0.1	3
818	5.21%	6.70	71.76%	%b>1	10	0.1	3
914	5.15%	6.49	73.85%	%b>1	8	0	3
840	5.13%	6.49	74.76%	%b>1	8	0.1	4
790	4.96%	7.08	71.77%	%b>1	10	-0.1	2
1175	4.95%	6.91	72.51%	%b>1	10	0	2
441	4.94%	6.89	72.11%	%b>1	8	-0.1	3
270	4.77%	6.76	71.85%	%b>1	6	-0.1	4
1107	4.70%	7.01	70.46%	%b>1	10	0.1	4
1301	4.65%	7.14	69.33%	%b>1	10	0	3
1590	4.61%	6.98	71.51%	%b>1	10	0.1	2
813	4.55%	6.34	74.66%	%b>1	6	0	4

次は各列についての説明だ。

トレード数とは、2001年1月1日から2012年5月31日の間にこの変数の組み合わせで、株価が仕掛け水準に達した回数である。各変数でシグナルは何百回も執行されて、1000回を超える場合もあった。

平均損益とは、（負けトレードを含めた）全トレードでの平均利益である。トップ20の変数の組み合わせでは、1トレード当たりの平均利益は4.55％から最高で7.86％（株式では極めて高い数字）までに及んでいた。

平均保有日数とは、トレードを維持した平均日数である。すべての

283

トレードが6～8日の範囲に入っている。

　勝率とは、執行されたシグナルのうちで利益が出た割合である。大多数は70％を超えている。ほとんどの成功したトレーダーがトレード数の55～60％で正しくありたいと望む世界で、これは極めて高い水準だ。

　手仕舞い法とは、終値で％ｂの値が1.0を上回ることである。ほかの手仕舞い法についてはあとで見る。

　仕掛けでの指値水準とは、実際に仕掛けるときの、日中の押しの水準である。これは、買いのシグナルが点灯した翌日に、Ｘ％下で買うという意味だ。したがって、今日がシグナルの点灯した翌日であれば、その銘柄がさらに押した場合にのみ実際に買う。検証では、4～10％押したところでの指値を調べた。見てのとおり、8％と10％がこの表を占めていて、日中の押しが大きいほど、ボリンジャーバンドを用いる戦略でのエッジが大きくなることが再確認できた。

　％ｂの境界とは、％ｂの水準のことである。私たちは％ｂが0.1、0.0、－0.1のときに検証をした。検証結果の大部分が示すように、％ｂの水準が低いほど売られ過ぎになり、過去のリターンは良かった。

　最低日数とは、％ｂが境界水準を下回っている日数のことである。私たちは2日、3日、4日について検証をした。表から分かるように、この水準を下回る日数が長くなるほど、その銘柄は売られ過ぎになり、1トレード当たり平均利益は高かった。

　変数の組み合わせのうちで最もパフォーマンスが良い2つは、4日連続で％ｂが0.0か－0.1を下回っていて、翌日の日中にさらに10％押したものだった。－0.1の仕掛け水準はあまり生じないので、より多くのトレードができる0.0の水準のほうが好まれる。

　この表には、10年以上にわたって一貫した動きを示している、％ｂの変数の組み合わせが20通り載っている。カギは自分にとって最もふ

さわしい変数を見極め、その変数を使って一貫して明確なトレードを行うことだ。これらのルールで用いた％ｂは10年以上にわたり、一貫してかなりのエッジがあった。

それでは同じ手仕舞い法で、勝率で測った場合にパフォーマンスが最も良いトップ20の変数の組み合わせを見ることにしよう。

表7.3.2 勝率に基づくトップ20の戦略

トレード数	平均損益	平均保有日数	勝率	手仕舞い法	仕掛けでの指値水準	％ｂの境界	最低日数
411	6.18%	6.49	77.37%	%b>1	8	0	4
217	7.86%	6.35	76.04%	%b>1	10	0	4
145	6.51%	7.01	75.86%	%b>1	8	-0.1	4
840	5.13%	6.49	74.76%	%b>1	8	0.1	4
813	4.55%	6.34	74.66%	%b>1	6	0	4
914	5.15%	6.49	73.85%	%b>1	8	0	3
434	6.20%	6.56	73.73%	%b>1	10	0.1	4
1546	3.13%	6.21	73.61%	%b>1	4	0	4
2144	4.32%	6.73	73.55%	%b>1	8	0	2
83	7.86%	6.43	73.49%	%b>1	10	-0.1	4
569	5.86%	6.79	73.46%	%b>1	10	0	4
493	6.23%	6.50	73.43%	%b>1	10	0	3
519	3.82%	6.47	73.41%	%b>1	4	-0.1	4
1628	3.77%	6.34	73.40%	%b>1	6	0.1	4
3146	2.78%	6.03	73.08%	%b>1	4	0.1	4
1787	3.85%	6.40	72.75%	%b>1	6	0	3
1092	4.52%	6.70	72.71%	%b>1	8	0	4
2195	3.47%	6.50	72.57%	%b>1	6	0	4
1175	4.95%	6.91	72.51%	%b>1	10	0	2
1788	2.87%	6.43	72.48%	%b>1	4	-0.1	3

最も勝率が高かった変数の組み合わせを見ると、その分布は前よりも広くなっている。2001年から2012年５月までの勝率は、低いほうの72.48％から高いほうの77.37％までの範囲に入る。これらの数字から、ボリンジャーバンドと％ｂの威力が再確認できる。

今やあなたは、ボリンジャーバンドと％ｂで厳密なトレードを行うための体系だった方法を数多く手にしているのだ。では、異なる手仕舞い戦略を見て、この知識をさらに広げよう。

第4章　手仕舞いの役割

The Role of Exits

　この章では、さまざまな手仕舞い戦略を紹介して、ボリンジャーバンドを使うトレードの知識を拡大する。これらの手仕舞い戦略を用いると、過去のリターンはさらに向上して、この戦略でトレードをする機会が増えることが分かるだろう。

　私たちは7つの異なる手仕舞い戦略について調べた。

　それらは次のとおりである。

1．％ｂの値が1以上。
2．％ｂの値が0.75以上。
3．％ｂの値が0.50以上。
4．2期間RSIが70以上。
5．2期間RSIが50以上。
6．終値が5期間単純移動平均線を上回る。
7．終値が3期間単純移動平均線を上回る。

　次は、これらの手仕舞い法と組み合わせたときに、最もパフォーマンスが良い変数の結果である。

表7.4.1　1トレード当たり平均利益に基づくトップ20の戦略

トレード数	平均損益	平均保有日数	勝率	手仕舞い法	仕掛けでの指値水準	％bの境界	最低日数
217	7.86%	6.35	76.04%	%b>1	10	0	4
83	7.86%	6.43	73.49%	%b>1	10	-0.1	4
217	7.33%	6.02	76.50%	RSI2>70	10	0	4
217	6.79%	5.12	76.96%	%b>.75	10	0	4
83	6.68%	5.81	73.49%	RSI2>70	10	-0.1	4
83	6.62%	3.92	78.31%	C>MA5	10	-0.1	4
83	6.62%	3.92	78.31%	%b>.5	10	-0.1	4
145	6.51%	7.01	75.86%	%b>1	8	-0.1	4
217	6.44%	4.08	80.65%	C>MA5	10	0	4
217	6.44%	4.08	80.65%	%b>.5	10	0	4
145	6.34%	3.66	82.76%	C>MA5	8	-0.1	4
83	6.34%	5.01	74.70%	%b>.75	10	-0.1	4
145	6.34%	3.66	82.76%	%b>.5	8	-0.1	4
83	6.27%	3.47	77.11%	RSI2>50	10	-0.1	4
493	6.23%	6.50	73.43%	%b>1	10	0	3
434	6.20%	6.56	73.73%	%b>1	10	0.1	4
411	6.18%	6.49	77.37%	%b>1	8	0	4
145	6.16%	5.92	79.31%	RSI2>70	8	-0.1	4
434	6.10%	6.13	74.42%	RSI2>70	10	0.1	4
412	6.09%	5.80	78.64%	RSI2>70	8	0	4

　終値で％ｂの値が1.0以上のときに手仕舞う戦略が、依然として最もパフォーマンスが良い。ほかの手仕舞い法を加えると、トップ20の1トレード当たり平均利益はすべて６％以上になる。これで堅牢さが向上して、ポジションを手仕舞うときに使える水準が増えた。

表7.4.2 勝率に基づくトップ20の戦略

トレード数	平均損益	平均保有日数	勝率	手仕舞い法	仕掛けでの指値水準	%bの境界	最低日数
145	6.34%	3.66	82.76%	C>MA5	8	-0.1	4
145	6.34%	3.66	82.76%	%b>.5	8	-0.1	4
413	5.49%	3.88	81.60%	C>MA5	8	0	4
413	5.49%	3.88	81.60%	%b>.5	8	0	4
145	6.02%	3.15	80.69%	RSI2>50	8	-0.1	4
217	6.44%	4.08	80.65%	C>MA5	10	0	4
217	6.44%	4.08	80.65%	%b>.5	10	0	4
145	5.51%	2.17	80.00%	C>MA3	8	-0.1	4
413	4.98%	3.53	79.42%	RSI2>50	8	0	4
145	6.16%	5.92	79.31%	RSI2>70	8	-0.1	4
413	5.64%	5.00	79.18%	%b>.75	8	0	4
217	5.95%	3.76	78.80%	RSI2>50	10	0	4
414	4.56%	2.57	78.74%	C>MA3	8	0	4
412	6.09%	5.80	78.64%	RSI2>70	8	0	4
83	6.62%	3.92	78.31%	C>MA5	10	-0.1	4
83	6.62%	3.92	78.31%	%b>.5	10	-0.1	4
217	5.34%	2.80	77.88%	C>MA3	10	0	4
845	4.22%	3.33	77.63%	RSI2>50	8	0.1	4
844	4.48%	3.89	77.61%	C>MA5	8	0.1	4
844	4.48%	3.89	77.61%	%b>.5	8	0.1	4

大きく、2つの点が目立っている。

1. 手仕舞い戦略を増やすと、勝率がかなり上がる。勝率は今や、77.61％から82.76％までになった。
2. 特に終値が3期間単純移動平均線を超えたときの手仕舞いなどでは、平均保有日数がかなり短くなっている。エッジはほかの手仕舞い戦略よりも小さいが、多くの場合、保有期間は半分になる。そのため、どの変数と手仕舞いが自分に最もふさわしいかを決める役に立つ。

まとめ

　以上で分かるように、ボリンジャーバンドを利用するトレードでどう手仕舞うべきかを知っておくのは、いつ仕掛けるべきかを知っておくのと同様に重要である。明確な手仕舞いポイントをいろいろと見ておけば、エッジが高く、トレードで成功する確率が高かった変数の組み合わせが増えて、選択肢が広がる。

第5章 ボリンジャーバンドと％ｂを利用したデイトレード

Day Trading with Bollinger Bands

　この第7部はデイトレードに関するものではないが、特定の変数は日中にエッジがあるということを示しておきたいと考えた。これらの変数を利用すれば、トレードを自動化できる。

　うまくいっているデイトレードの大半は数セントの利益を狙うゲームだ。デイトレードを行う最も優れた会社や個人トレーダーは、わずかな利ざやを狙う。これまでの章で学んだボリンジャーバンドと％ｂを使うと、日中に優位に立てることが分かる。

　デイトレードを行う大手のプロップファーム（自己勘定トレードのみを行う証券会社）のトレーダーたちは、1トレードについてわずか0.1～0.5％の利益を目指している（彼らはわずかな手数料でトレードを行えるだけでなく、リベートも受け取る）。個人トレーダーはもっと大きなエッジが必要だが、長期にわたってそうしたエッジを見つけるのはなかなか難しい。しかしボリンジャーバンドを用いれば、10年以上にわたってエッジがあった。

　次の表は、過去に日中の平均利益が1トレード当たり1.5～1.87％と、最も高かった10の変数の組み合わせである。

表7.5.1 ボリンジャーバンドを用いる戦略で過去のエッジが最大だった10の変数

トレード数	平均損益	勝率	手仕舞い法	仕掛けでの指値水準	％ｂの境界	最低日数
223	1.87%	63.68%	Day Trade	10	-0.1	4
2437	1.84%	66.23%	Day Trade	10	-0.1	2
607	1.70%	64.25%	Day Trade	10	0	4
3632	1.68%	65.12%	Day Trade	10	0	2
854	1.65%	64.40%	Day Trade	10	-0.1	2
87	1.64%	64.37%	Day Trade	10	-0.1	4
4845	1.63%	65.16%	Day Trade	10	0.1	2
156	1.62%	60.26%	Day Trade	8	-0.1	4
255	1.60%	64.71%	Day Trade	10	-0.1	3
1307	1.50%	63.12%	Day Trade	10	0	2

　最も興味をそそる変数は７番目の組み合わせだ。これは、％ｂの値が２日連続で0.1を下回った日にセットアップが生じ、翌日にさらに10％押したときに指値で買い、大引けで手仕舞うものだ。

　2001年以降のシミュレーションでは、4845回のトレードができた。それらのシグナルの65％で利益が出て（これはデイトレード戦略としては非常に高い）、１トレード当たり平均利益は1.63％（最も優れたプロップファームで目指している利益よりも３倍高い）だった。これらのセットアップは頻繁に生じるので、トレーダーは一年を通して多くのトレード機会に恵まれる。

まとめ

　翌日にポジションを持ち越すトレードでは、ボリンジャーバンドと％ｂの水準が極端に低くなる必要がある。だが、これはデイトレードには当てはまらない。％ｂが標準的な売られ過ぎの水準に達したときに、日中に８～10％急落するまで待てば、勝率が高くて日中のエッジ

が高いトレードが頻繁にできる。

第6章 ボリンジャーバンドと%b を利用したオプションのトレード

Trading Options with Bollinger Bands

　コナーズ・リサーチのトレード戦略シリーズでは、オプションの解説はどれもほぼ同じである。この戦略のセットアップではしばしば短期間の大きな動きを利用するからだ。私たちの考えや、オプションのプロトレーダーの友人たち（1人は30年以上の経験者）に確かめたことでは、こうした動きでトレードを行う最も良い方法がひとつある。

　オプションのトレードは、過去5年の間にマーケットで大きく成長した分野である。これは売買スプレッドが小さくなり、流動性が高まり、複雑なオプションをかつてないほど簡単にトレードできるようになったためである。

　では、ここで説明した相場の短期的な動きで、オプションをトレードする方法に焦点を合わせよう。ここでの戦略すべてに言えるが、シグナルが点灯したときにオプションのトレードを行うには、明確なルールがある。

　データに基づいて言えることは、次のとおりだ。

1. 仕掛けから手仕舞いまでの保有期間の大半は非常に短かった（6～7取引日）。
2. 1トレード当たり平均利益は大きく、短期の標準的な値動きを大幅に超えていた。

3．それらの値動きのかなりの割合で利益が出た。

　私たちがこの種の値動きを見るとき、多くの戦略が考えられるが、ひとつの戦略が目立って良い（これは、プロトレーダーたちも認めている）。この戦略では、期近物でイン・ザ・マネーのコールを買う。

　なぜ、期近物のイン・ザ・マネーのコールを買うのか？　それらが、対応する株自体に最も近い値動きをするからだ。そして、オプションが株に近い動きをするほど、その動きが思惑どおりであれば、利益率が高くなるからだ。

　売買ルールは次のとおりだ。

1．シグナルが点灯する。
2．期近物のイン・ザ・マネーのコールを買う。通常、ある銘柄を500株買っているのなら、コールを5枚買う（100株はコール1枚に等しい）。
3．その株で手仕舞いのシグナルが点灯すれば、オプションを手仕舞う。

　先を進めよう。

1．イン・ザ・マネーとは具体的に何を意味するのか？
　ここでの場合、権利行使価格がイン・ザ・マネーとなる1つか2つ目のオプションという意味だ。その銘柄が今、48ドルであれば、40ドルか45ドルのコールを買うということになる。

2．どうして期近なのか？
　保有期間が非常に短いので、満期日が最も近いオプションでトレードを行うほうがよいからだ。ただし、期近のオプション満期日から7

取引日以内（つまり、第２木曜日の前かその近く）であれば、翌限月でトレードを行う。

３．ポジションを取っていて満期日を迎えたが、その株の売買シグナルがまだ有効であるときは、どうするか？

　その場合は、翌限月に乗り換える。その銘柄のシグナルに合わせてトレードを行っているのなら、シグナルが有効であるかぎり、ポジションを取り続けたほうがよいからだ。

４．流動性とスプレッドについてはどうだろう？

　ここでは慎重さが要求される。オプションで流動性が正確に何を意味するかについて、明確なルールはない。例えば、トレード対象の株の流動性を、SPY（S&P500株価指数オプション）と比べてみよう。ブルーチップ（優良株）と比べると、SPYは極めて流動性が高い。優良株もSPYも流動性があると考えられるが、優良株のオプションにはSPYほどの流動性はない。

　オプションが活発に取引されているとして、売買スプレッドを見よう。オプションの気配値が買い3.00ドル、売り3.30ドルであれば、スプレッドは10％である。本当に10％のスプレッドを克服して、利益を出せるだろうか？　それはありそうにない。では、気配値が買い3.25ドル、売り3.30ドルのオプションならどうだろう。これならずっと満足できて、取引可能だ。

５．株ではなく、コールオプションを買う利点は何だろう？

　流動性があり、スプレッドも小さければ、利点は大きい。
　　１．投資資金に対する収益が大きくなる可能性がある。
　　２．縛られる資金が少なくて済む。
　　３．リスクにさらされる資金の比率が小さい。ある株の買いシグ

ナルが50ドルで点灯すれば、最高で50ドルを失う可能性がある。しかし、オプションであれば、代金として支払うプレミアム以上は失わない。だから、45ドルのコールを買えば、リスクはプレミアムだけだ。
4．柔軟性が大きい。例えば、ある株が50ドルで買いシグナルを発して、45ドルのコール代として5.50ドルを払ったとしよう。その株がすぐに上昇すれば（56ドルとしよう）、そこで選択肢が生まれる。あなたは手仕舞ってもよいし、資金のほとんどを回収したうえで、50ドルのコールに乗り換えてもよい。価格がそのまま上昇し続けると思っているのなら、これはほとんどリスクなしのトレードになる。

このような例は無数にある。そして、この種の戦略を用いる機会に関しては、オプションに関するほとんどの本に載っている。しかし、特殊なオプション売買や、単にコールを買う以外のトレードは、私たちが質問をした多くの専門家のアドバイスに反する。

結論として、オプションは原資産である株を買う代替の良い選択肢になる。私たちの戦略での数量化されたトレード法では、期近のイン・ザ・マネーを使い、通常のトレードと等しいサイズ（100株につき1枚のオプション）で仕掛けて、手仕舞いのシグナルが点灯したときに手仕舞う。

多くの専門家の意見によると、このオプション戦略は、それらのシグナルで過去のデータを見たときに、最も優れていて最も効率的な戦略である。

第7章 終わりに

Additional Thoughts

1. このガイドブックを通して分かったように、ボリンジャーバンドと特にその要素である％ｂを一貫して用いると、大きなエッジがあることが数字で示された。

2. ボリンジャーバンドをこのように使うと、的確なトレードができる。この的確さをうまく利用しよう。

3. 使える組み合わせは文字どおり、何百通りもある。変数は％ｂ水準の押しの深さから、その水準を下回る日数、指値を置く水準、使える手仕舞いの種類までさまざまだ。すべてを調べて、自分のトレードスタイルに最もふさわしい変数を決めたほうがよい。

4. 損切りのストップ注文についてはどうだろうか（これに対する答えはすべての戦略ガイドブックに載せている）？
    私たちは、『**コナーズの短期売買入門**』（パンローリング）を含めた出版物で、損切りのストップについてのリサーチを発表してきた。私たちが発見したことは、損切りのストップを置くとパフォーマンスが落ちやすく、多くの場合、エッジがまったく消えるということだった。たしかに、買った銘柄が下げ続けたときに、

ストップ注文で損切りできれば気分が良い。一方で、多くの短期トレード戦略について最大20年の検証をした結果では、ストップ注文を置くと頻繁に損切りさせられて、非常に多くの損失が積み上がっていくことが示されている。ほとんどのトレード戦略は、こうした損失の蓄積を克服できない。

多くのトレーダーは損切りのストップを必ず置かなければならない。そうすることで、彼らは特に難しいトレードでも心理的に受け入れることができるからだ。ストップ注文を使うかどうかは、自分で決めるべきことだ。だが、概して言えば、ストップ注文を置くと、ここで紹介した戦略やほかの多くの短期戦略で得られるエッジは低くなる。繰り返すが、ストップ注文を置くかどうかは、あなた自身が決めるべきことだ。私たちはどちらの手法を使うトレーダーにも、成功者がいることを知っている。

5．検証では、スリッページと手数料は考慮に入れていない。それらを考慮に入れて（仕掛けでは指値を使っているので、スリッページは問題にならない）、取引費用が最低になるようにしよう。現在では、ほとんどの証券会社が1株当たり1セント以下で取引できる。だから、特にあなたが活発にトレードをするのなら、自分にふさわしい会社を選ぼう。オンライン証券会社はあなたと取引をしたがっている。

6．このボリンジャーバンド戦略で見てきたように、株価が急落したあと、日中でさらに急落したときにトレードをすると大きなエッジが得られる。これらのトレードでは、しばしば恐れと不安がつきまとう。そして、そのときにエッジが高まるのだ。これらのトレードができるところを探そう。すでに分かったように、それらは長年にわたって利益をもたらしてきたからだ。

このコナーズ・リサーチ社のトレード戦略シリーズを楽しんでいただけていたら幸いである。この戦略について質問があれば、info@connorsresearch.com に遠慮なく電子メールを送っていただきたい。

■著者紹介
ローレンス・A・コナーズ（Laurence A. Connors）

資産運用会社のLCAキャピタルとマーケット調査会社であるコナーズ・リサーチのCEO（最高経営責任者）。投資業界で30年以上の経験があり、1995年以降に投資情報の提供会社のコナーズ・グループを含め、売上高数百万ドル規模の投資関連企業2社を築き、コナーズ・グループは2009年にアントレックス非上場企業指数から10大急成長私企業の1社に二度選ばれた。1982年にメリルリンチに入社し、後にDLJの副社長になった。彼の考えや洞察はウォール・ストリート・ジャーナル、ニューヨーク・タイムズ、バロンズ、ブルームバーグのテレビとラジオ、ブルームバーグ誌など、数多くでメディアに引用されたりしている。著書には『魔術師リンダ・ラリーの短期売買入門』（リンダ・ブラッドフォード・ラシュキとの共著）、『コナーズの短期売買実践』『コナーズの短期売買入門』『コナーズの短期売買戦略』（いずれもパンローリング）などがある。

シーザー・アルバレス（Cesar Alvarez）

コナーズ・リサーチの調査責任者。カリフォルニア大学バークレー校から電気工学とコンピューターサイエンスの理学士、コンピューターサイエンスの理学修士を修得している。

マット・ラドケ（Matt Radtke）

コナーズ・リサーチの上級リサーチャー。ミシガン州立大学卒業。

■監修者紹介
長尾慎太郎（ながお・しんたろう）

東京大学工学部原子力工学科卒。北陸先端科学技術大学院大学知識科学研究科知識科学専攻・修士（知識科学）。日米の銀行、投資顧問会社、ヘッジファンドなどを経て、現在は大手運用会社勤務。訳書に『魔術師リンダ・ラリーの短期売買入門』『新マーケットの魔術師』『マーケットの魔術師【株式編】』（いずれもパンローリング、共訳）、監修に『高勝率トレード学のススメ』『フルタイムトレーダー完全マニュアル』『システムトレード 基本と原則』『一芸を極めた裁量トレーダーの売買譜』『裁量トレーダーの心得 初心者編』『裁量トレーダーの心得 スイングトレード編』『ラリー・ウィリアムズの短期売買法【第2版】』『コナーズの短期売買戦略』『続マーケットの魔術師』『アノマリー投資』『続高勝率トレード学のススメ』『グレアムからの手紙』『シュワッガーのマーケット教室』『トレーダーのメンタルエッジ』『プライスアクションとローソク足の法則』『トレードシステムはどう作ればよいのか』『ミネルヴィニの成長株投資法』『破天荒な経営者たち』『トレードコーチとメンタルクリニック』など、多数。

■訳者紹介
山口雅裕（やまぐち・まさひろ）

早稲田大学政治経済学部卒業。外資系企業などを経て、現在は翻訳業。訳書に『フィボナッチトレーディング』『規律とトレンドフォロー売買法』『逆張りトレーダー』『システムトレード 基本と原則』『一芸を極めた裁量トレーダーの売買譜』『裁量トレーダーの心得 初心者編』『裁量トレーダーの心得 スイングトレード編』『コナーズの短期売買戦略』『続マーケットの魔術師』『アノマリー投資』『シュワッガーのマーケット教室』『ミネルヴィニの成長株投資法』（パンローリング）など。

2014年4月2日　初版第1刷発行

ウィザードブックシリーズ ⑯

高勝率システムの考え方と作り方と検証
──リスクが少なく無理しない短期売買

著　者	ローレンス・A・コナーズ、シーザー・アルバレス、マット・ラドケ
監修者	長尾慎太郎
訳　者	山口雅裕
発行者	後藤康徳
発行所	パンローリング株式会社
	〒160-0023　東京都新宿区西新宿7-9-18-6F
	TEL 03-5386-7391　FAX 03-5386-7393
	http://www.panrolling.com/
	E-mail　info@panrolling.com
編　集	エフ・ジー・アイ（Factory of Gnomic Three Monkeys Investment）合資会社
装　丁	パンローリング装丁室
組　版	パンローリング制作室
印刷・製本	株式会社シナノ

ISBN978-4-7759-7183-3

落丁・乱丁本はお取り替えします。
また、本書の全部、または一部を複写・複製・転訳載、および磁気・光記録媒体に
入力することなどは、著作権法上の例外を除き禁じられています。

本文　©Masahiro Yamaguchi／図表　©Pan Rolling 2014 Printed in Japan

ローレンス・A・コナーズ

TradingMarkets.com の創設者兼CEO（最高経営責任者）。1982年、メリル・リンチからウォール街での経歴をスタートさせた。著書には、リンダ・ブラッドフォード・ラシュキとの共著『魔術師リンダ・ラリーの短期売買入門（ラリーはローレンスの愛称）』（パンローリング）などがある。

ウィザードブックシリーズ 169
コナーズの短期売買入門

定価 本体4,800円+税　ISBN:9784775971369

時の変化に耐えうる短期売買手法の構築法

さまざまな市場・銘柄を例に見ながら、アメリカだけではなく世界で通用する内容を市場哲学や市場心理や市場戦略を交えて展開していく。トレード哲学は「平均値への回帰」である。その意味は単純に、行きすぎたものは必ず元に戻る──ということだ。それを数値で客観的に示していく。
世の中が大きく変化するなかで、昔も儲って、今も変わらず儲かっている手法を伝授。

> マーケットの達人である
> ローレンス・コナーズとセザール・アルバレスが
> 何十年もかけて蓄えた
> マーケットに関する知恵がぎっしり詰まっている

ウィザードブックシリーズ 197
コナーズの短期売買戦略

定価 本体4,800円+税　ISBN:9784775971642

機能する短期売買戦略が満載

株式市場に対するユニークかつ簡潔な見方を示した本書には、個人のトレーダーやプロのトレーダー、投資家、資産運用会社、それにマーケットの動きをもっと詳しく知りたいと望む人すべてにとって、必要な情報がこの1冊にコンパクトにまとめられている。本書は、主として株式市場の短期の値動きに焦点を当てているが、紹介した売買戦略はより長期的な投資に対してもうまく機能することが証明されている。

ウィザードブックシリーズ180
コナーズの短期売買実践

定価 本体7,800円+税　ISBN:9784775971475

短期売買とシステムトレーダーのバイブル！
自分だけの戦略や戦術を考えるうえでも、本書を読まないということは許されない。トレーディングのパターンをはじめ、デイトレード、マーケットタイミングなどに分かれて解説された本書は、儲けることが難しくなったと言われる現在でも十分通用するヒントや考え方、システムトレーダーとしてのあなたの琴線に触れる金言にあふれている。

ウィザードブックシリーズ1
魔術師リンダ・ラリーの短期売買入門

定価 本体28,000円+税　ISBN:9784939103032

ウィザードが語る必勝テクニック
日本のトレーディング業界に衝撃をもたらした一冊。
リンダ・ラシュキとローレンス・コナーズによるこの本は、当時進行していたネット環境の発展と相まって、日本の多くの個人投資家とホームトレーダーたちに経済的な自由をもたらした。裁量で売買することがすべてだった時代に終わりを告げ、システムトレードという概念を日本にもたらしたのも、この本とこの著者2人による大きな功績だった。

> この本の刊行の前と後では、
> 「トレード」「投資」という言葉が
> まるっきり違うものになってしまったのだ。

DVD スイングトレードを成功させる重要なポイント

講師：ローレンス・A・コナーズ

定価 本体4,800円+税　ISBN:9784775963463

勝率87％の普遍的なストラテジー大公開！
短期売買トレーダーのための定量化された売買戦略
スイングトレーディングを成功させる4つのキーポイントについてコナーズ本人が解説。

デーブ・ランドリー

TradingMaekets.com の共同設立者兼定期寄稿者。ルイジアナ大学でコンピューターサイエンスの理学士、南ミシシッピ大学で MBA を修得。コナーズに才能を見出され、独自に考案したトレーディング法で成功を収める。公認CTAのセンシティブ・トレーディングやヘッジファンドのハーベスト・キャピタル・マネジメントの代表で、2/20EMAブレイクアウトシステムなど多くのトレーディングシステムを開発。

コナーズの部下

ウィザードブックシリーズ190

裁量トレーダーの心得 初心者編
システムトレードを捨てた コンピューター博士の株式順張り戦略

定価 本体4,800円+税　ISBN:9784775971574

PC全盛時代に勝つ方法！
PCの魔術師だからこそ分かった
「裁量トレード時代の到来」！
相場が本当はどのように動いているのか、そして、思いもよらないほど冷酷なマーケットで成功するために何が必要か。

ウィザードブックシリーズ193

裁量トレーダーの心得
スイングトレード編
押しや戻りで仕掛ける高勝率戦略の奥義

定価 本体4,800円+税　ISBN:9784775971611

高勝率パターン満載！
思いがけないことはトレンドの方向に起こる！
トレンドの確定方法を伝授し、正しい銘柄選択と資金管理を実行すれば、スイングトレードの神様が降臨してくれる!?

ラリー・R・ウィリアムズ

ウィザードブックシリーズ 196

ラリー・ウィリアムズの
短期売買法【第2版】
投資で生き残るための普遍の真理

10000%の男

定価 本体7,800円+税　ISBN:9784775971611

短期システムトレーディングのバイブル！
読者からの要望の多かった改訂「第2版」が10数年の時を経て、全面新訳。直近10年のマーケットの変化をすべて織り込んだ増補版。日本のトレーディング業界に革命をもたらし、多くの日本人ウィザードを生み出した教科書！

ウィザードブックシリーズ97　ラリー・ウィリアムズの
「インサイダー情報」で儲ける方法
定価 本体5,800円+税　ISBN:9784775970614

"常勝大手投資家"コマーシャルズについて行け！ラリー・ウィリアムズが、「インサイダー」である「コマーシャルズ」と呼ばれる人たちの秘密を、初めて明かした画期的なものである。

ウィザードブックシリーズ 65
ラリー・ウィリアムズの株式必勝法
定価 本体7,800円+税　ISBN:9784775970287

正しい時期に正しい株を買う。話題沸騰！
ラリー・ウィリアムズが初めて株投資の奥義を披露！
弱気禁物！上昇トレンドを逃すな！

ラルフ・ビンス

オプティマルfの生みの親

ウィザードブックシリーズ 151
ラルフ・ビンスの資金管理大全
定価 本体12,800円+税　ISBN:9784775971185

最適なポジションサイズと
リスクでリターンを最大化する方法
リスクとリターンの絶妙なさじ加減で、トントンの手法を儲かる戦略に変身させる!!!資金管理のすべてを網羅した画期的なバイブル！

ジョン・R・ヒル

トレーディングシステムのテストと評価を行う業界最有力ニュースレター『フューチャーズ・トゥルース（Futures Truth）』の発行会社の創業者社長。株式専門テレビ CNBC のゲストとしてたびたび出演するほか、さまざまな投資セミナーの人気講師でもある。オハイオ州立大学で化学工学の修士号を修得。

システム検証人

ジョージ・プルート
ジョン・R・ヒル 共著

ウィザードブックシリーズ54

究極のトレーディングガイド

定価 本体4,800円+税　ISBN:9784775970157

トレード成績を向上させる秘訣がある！

この『究極のトレーディングガイド』は多くのトレーダーが望むものの、なかなか実現できないもの、すなわち適切なロジックをベースとし、安定した利益の出るトレーディングシステムの正しい開発・活用法を教えてくれる。最近のトレードの爆発的な人気を背景に、多くのトレーダーはメカニカル・トレーディングシステムを使いたいと思っている。その正しい使い方をマスターすれば、これほど便利なツールはほかにない。

ジョン・ヒルの長年のリサーチにより非常に有効だという結論が出た　システムトレードで稼ぐ方法

1. ドンチャン・チャネル・ブレイクアウト
2. 移動平均のクロスオーバー
3. 短期のオープニング・レンジ・ブレイクアウト
4. S&Pのデイトレード
5. パターン認識

これらの5つについて
資金1万ドルから30万ドルに対応した
5つのポートフォリオと投資対象を
ジョン・ヒルが提案

- 売買システムのイージーランゲージコード付（TreadStation）
- 各市場ごとのオープニング・レンジ・ブレイクアウトの成績統計付
- ヒストリカルテストの評価方法
- 有効なチャートパターンの多くを紹介
- システム売買の設計と運用には欠かせない一冊

ジョージ・プルート

フューチャーズ・トゥルース CTA の研究部長、『フューチャーズ・トゥルース』編集長。メカニカルシステムの開発、分析、実行およびトレーディング経験25年。1990年、コンピューターサイエンスの理学士の学位を取得、ノースカロライナ大学アッシュビル校卒業。数々の論文を『フューチャーズ』誌や『アクティブトレーダー』誌で発表してきた。『アクティブトレーダー』誌の2003年8月号では表紙を飾った。

ウィザードブックシリーズ211

トレードシステムは どう作ればよいのか 1・2

定価 本体各5,800円+税　ISBN:9784775971789/9784775971796

トレーダーは検証の正しい方法を知り、その省力化をどのようにすればよいのか

売買システム分析で業界随一のフューチャーズ・トゥルース誌の人気コーナーが本になった！ システムトレーダーのお悩み解消します！ 検証の正しい方法と近道を伝授！
われわれトレーダーが検証に向かうとき、何を重視し、何を省略し、何に注意すればいいのか──それらを知ることによって、検証を省力化して競争相手に一歩先んじて、正しい近道を見つけることができる！

ウィザードブックシリーズ113

勝利の売買システム

ジョージ・プルート
ジョン・R・ヒル　共著

定価 本体7,800円+税　ISBN:9784775970799

『究極のトレーディングガイド』の著者たちが贈る 世界ナンバーワン売買ソフト徹底活用術

ラリーウィリアムズを含む売買システム開発の大家16人へのインタビューも掲載。イージーランゲージにはこんなこともできる！
機能面ばかりが強調され、その機能を徹底活用しようというアイデアについてはあまり聞かれないのが悩みの種だった。この悩みを完全に解消しようとしたのが、システムトレードの第一人者ジョージ・プルートとジョン・ヒルによる本書だ。

システムトレードの達人たちに学ぶ
プログラミング編

ロバート・パルド（Robert Pardo）

使える システムの判断法

トレーディング戦略の設計・検証のエキスパートして知られ、プロのマネーマネージャーとしても長い経歴を持つ。マネーマネジメント会社であるパルド・キャピタル・リミテッド（PCL）をはじめ、コンサルティング会社のパルド・グループ、独自の市場分析サービスを提供するパルド・アナリティックス・リミテッドの創始者兼社長でもある。ダン・キャピタルとの共同運用でも知られているパル殿提唱したウォークフォワードテスト(WFT)はシステムの検証に革命をもたらした。トレーディングの世界最大手であるゴールドマンサックス、トランスワールド・オイル、大和証券でコンサルタントを勤めた経験もある。

ウィザードブックシリーズ 167
アルゴリズムトレーディング入門

定価 本体7,800円+税　ISBN:9784775971345

トレーディングアイデアを、検証、適正な資金配分を経て、利益の出る自動化トレーディング戦略に育て上げるまでの設計図。

アート・コリンズ（Art Collins）

シュワッガーに負けない インタビュアー

ロバート・パルドとも親しいアート・コリンズは、1986年から数多くのメカニカルトレーディングシステムの開発を手掛け、またプロトレーダーとしても大きな成功を収めている。1975年にノースウエスタン大学を卒業し、1989年からシカゴ商品取引所（CBOT）の会員、また講演者・著述家でもある。著書には『マーケットの魔術師【大損失編】』などがある。

ウィザードブックシリーズ 137
株価指数先物必勝システム

定価 本体5,800円+税
ISBN:9784775971048

ウィザードブックシリーズ 90
マーケットの魔術師 システムトレーダー編

定価 本体2,800円+税
ISBN:9784775970522

ジェイク・バーンスタイン

国際的に有名なトレーダー、作家、研究家。MBH ウイークリー・コモディティ・レターの発行者で、トレードや先物取引に関する約30もの書籍や研究を発表している。ウォールストリート・ウイーク、そして世界中の数々のラジオやテレビ番組に出演し、また、投資やトレードに関するセミナーでも講演している。トレードとタイミングに関するあくなき追及は、トレーダーに新たなツールを提供している。

成功を志す個人投資家の見本

ウィザードブックシリーズ51
バーンスタインのデイトレード入門・実践

入門編	定価 本体7,800円+税	ISBN:9784775970126
実践編	定価 本体7,800円+税	ISBN:9784775970133

デイトレーディングの奥義と優位性がここにある！

あなたも「完全無欠のデイトレーダー」になれる！
トレーディングシステム、戦略、タイミング指標、そして分析手法を徹底解明。テンポの速いデイトレーディングの世界について、実践で役立つ案内をしてくれる。
初心者でもベテランでも、一読の価値があるこの本を読めば、新たな境地が見えてくるだろう。

トーマス・R・デマーク

テクニカルサイエンティスト

ウィザードブックシリーズ41
デマークのチャート分析テクニック

定価 本体4,800円+税　ISBN:9784775970027

いつ仕掛け、いつ手仕舞うのか。

トレンドの転換点が分かれば、勝機が見える！チャート分析における世界の第一人者として広く知られているトム・デマークは、世界中の最も成功した多くの取引に対して、テクニカルなシステムや指標を開発した。

短期売買関連書籍

ウィザードブックシリーズ202
株式超短期売買法

著者：トーマス・ストリズマン

定価 本体3,800円+税　ISBN:9784775971697

デイトレーダー絶滅後のスキャルピング売買法

ウォール街で「ドクター・ストック」と呼ばれる男が書いたこの実用的なトレードのマニュアルは、ボラティリティのパワーを利用して毎日、確実に少しずつの利益を稼ぎだすための方法を示したものだ。ミクロトレンドトレードは通常のファンダメンタル分析やテクニカル分析の枠を超えて、毎日の寄り付きから大引けの間に発生する「ミクロなトレンド」を見つけ、それを売買に利用するというものだ。

ウィザードブックシリーズ200
FXスキャルピング

著者：ボブ・ボルマン

定価 本体3,800円+税　ISBN:9784775971673

FXの神髄であるスキャルパー入門！

プロのスキャルピングの世界をFXトレーディングの初心者でも分かりやすく掘り下げて紹介した手引書。あらゆる手法を駆使して、世界最大の戦場であるFX市場で戦っていくために必要な洞察をスキャルパーたちに与えてくれる。

DVD 高頻度トレーディング時代に打ち勝つ
短期売買戦略

講師：近藤和才

定価 本体4,800円+税　ISBN:9784775963845

わずか9か月で2,357%
日本記録保持者が語るトレードの奥義

短期間で爆発的に資産を増やしたトレード戦略を知りたい方・システムトレードを続けている方におすすめ！

システムトレード関連書籍

ウィザードブックシリーズ183
システムトレード 基本と原則
著者:ブレント・ペンフォールド

定価 本体4,800円+税　ISBN:9784775971505

あなたは勝者になるか敗者になるか？
勝者と敗者を分かつトレーディング原則を明確に述べる。トレーディングは異なるマーケット、異なる時間枠、異なるテクニックに基づく異なる銘柄で行われることがある。だが、成功しているすべてのトレーダーをつなぐ共通項がある。トレーディングで成功するための普遍的な原則だ。
またそれらを裏付ける成功した幅広いトレーダーたちの珍しいインタビューを掲載。

ウィザードブックシリーズ11
売買システム入門
著者:トゥーシャー・シャンデ

定価 本体7,800円+税　ISBN:9784939103315

「勝つトレーディング・システム」の全解説！
トレーディング上のニーズに即した「実際的な」システムの構築法。図表や数々の例を用いて、トレードの基本、新しいシステム、資金残高曲線分析、マネーマネジメント、データスクランブルなどについて、深く言及。

ウィザードブックシリーズ42
トレーディングシステム入門
著者:トーマス・ストリズマン

定価 本体5,800円+税　ISBN:9784775970034

仕掛ける前に勝負はすでに決着がついている！
機関投資家であろうと、個人投資家であろうと、成功と失敗の分かれ目は、結局、あなたが構築したトレーディングシステムにかかっている。運命を任せるに足るシステムと考え抜かれた戦略的トレーディングシステムの設計方法について、すべてを網羅した画期的書籍！

ジャック・D・シュワッガー

現在、マサチューセッツ州にあるマーケット・ウィザーズ・ファンドとＬＬＣの代表を務める。著書にはベストセラーとなった『マーケットの魔術師』『新マーケットの魔術師』『マーケットの魔術師[株式編]』（パンローリング）がある。
また、セミナーでの講演も精力的にこなしている。

ウィザードブックシリーズ19
マーケットの魔術師
米トップトレーダーが語る成功の秘訣

定価 本体2,800円+税　ISBN:9784939103407

トレード界の「ドリームチーム」が勢ぞろい
世界中から絶賛されたあの名著が新装版で復刻！
投資を極めたウィザードたちの珠玉のインタビュー集！
今や伝説となった、リチャード・デニス、トム・ボールドウィン、マイケル・マーカス、ブルース・コフナー、ウィリアム・オニール、ポール・チューダー・ジョーンズ、エド・スィコータ、ジム・ロジャーズ、マーティン・シュワルツなど。

ウィザードブックシリーズ13
新マーケットの魔術師
定価 本体2,800円+税　ISBN:9784939103346

知られざる"ソロス級トレーダー"たちが、率直に公開する成功へのノウハウとその秘訣。高実績を残した者だけが持つ圧倒的な説得力と初級者から上級者までが必要とするヒントの宝

ウィザードブックシリーズ14
マーケットの魔術師 株式編 増補版
定価 本体2,800円+税　ISBN:9784775970232

今でも本当のウィザードはだれだったのか？
だれもが知りたかった「その後のウィザードたちのホントはどうなの？」に、すべて答えた！

ウィザードブックシリーズ201
続マーケットの魔術師
定価 本体2,800円+税　ISBN:9784775971680

『マーケットの魔術師』シリーズ　10年ぶりの第4弾！先端トレーディング技術と箴言が満載。「驚異の一貫性を誇る」これから伝説になる人、伝説になっている人のインタビュー集。

ウィザードブックシリーズ66
シュワッガーのテクニカル分析
定価 本体2,900円+税　ISBN:9784775970270

シュワッガーが、これから投資を始める人や投資手法を立て直したい人のために書き下ろした実践チャート入門。

ウィザードブックシリーズ208
シュワッガーのマーケット教室
定価 本体2,800円+税　ISBN:9784775971758

本書はあらゆるレベルの投資家やトレーダーにとって、現実の市場で欠かせない知恵や投資手法の貴重な情報源となるであろう。

バン・K・タープ博士

コンサルタントやトレーディングコーチとして国際的に知られ、バン・タープ・インスティチュートの創始者兼社長でもある。これまでトレーディングや投資関連の数々のベストセラーを世に送り出してきた。講演者としても引っ張りだこで、トレーディング会社や個人を対象にしたワークショップを世界中で開催している。またフォーブス、バロンズ、マーケットウイーク、インベスターズ・ビジネス・デイリーなどに多くの記事を寄稿している。

ウィザードブックシリーズ134
新版 魔術師たちの心理学

定価 本体2,800円+税　ISBN:9784775971000

秘密を公開しすぎた
ロングセラーの大幅改訂版が(全面新訳!!)新登場。
儲かる手法(聖杯)はあなたの中にあった!!あなただけの戦術・戦略の編み出し方がわかるプロの教科書!

ウィザードブックシリーズ160
タープ博士のトレード学校

定価 本体2,800円+税　ISBN:9784775971277

スーパートレーダーになるための自己改造計画
『新版 魔術師たちの心理学』入門編。
タープが投げかけるさまざまな質問に答えることで、トレーダーとして成功することについて、あなたには真剣に考える機会が与えられるだろう。

ウィザードブックシリーズ215
トレードコーチとメンタルクリニック

定価 本体2,800円+税　ISBN:9784775971819

あなたを 自己発見の旅へといざなう
己の内面を見つめることで、あなたの意思決定に大きな影響を及ぼしている心に染み付いた考えや信念や認識から解き放たれる。成績を向上させ、スーパートレーダーへの第一歩となるヒントが満載。

マーク・ダグラス

シカゴのトレーダー育成機関であるトレーディング・ビヘイビアー・ダイナミクス社の社長を務める。商品取引のブローカーでもあったダグラスは、自らの苦いトレード経験と多数のトレーダーの間接的な経験を踏まえて、トレードで成功できない原因とその克服策を提示している。最近では大手商品取引会社やブローカー向けに、本書で分析されたテーマやトレード手法に関するセミナーや勉強会を数多く主催している。

セミナーDVD発売予定!

ウィザードブックシリーズ 32

ゾーン 勝つ相場心理学入門

MP3 音声データCD オーディオブックあり

定価 本体2,800円+税　ISBN:9784939103575

「ゾーン」に達した者が勝つ投資家になる!

恐怖心ゼロ、悩みゼロで、結果は気にせず、淡々と直感的に行動し、反応し、ただその瞬間に「するだけ」の境地…すなわちそれが「ゾーン」である。
「ゾーン」へたどり着く方法とは?
約20年間にわたって、多くのトレーダーたちが自信、規律、そして一貫性を習得するために、必要で、勝つ姿勢を教授し、育成支援してきた著者が究極の相場心理を伝授する!

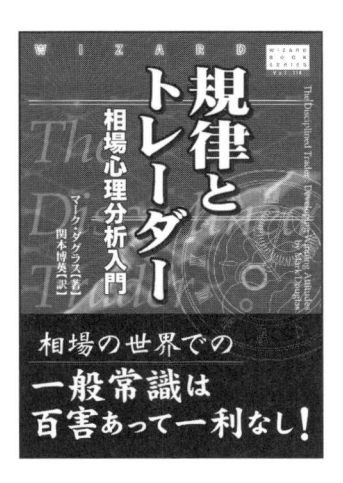

ウィザードブックシリーズ 114

規律とトレーダー 相場心理分析入門

MP3 音声データCD オーディオブックあり

定価 本体2,800円+税　ISBN:9784775970805

トレーディングは心の問題であると悟った投資家・トレーダーたち、必携の書籍!

相場の世界での一般常識は百害あって一利なし!
常識を捨てろ!手法や戦略よりも規律と心を磨け!
本書を読めば、マーケットのあらゆる局面と利益機会に対応できる正しい心構えを学ぶことができる。

ブレット・スティーンバーガー

ニューヨーク州シラキュースにある SUNY アップステート医科大学で精神医学と行動科学を教える客員教授。2003年に出版された『精神科医が見た投資心理学』（晃洋書房）の著書がある。シカゴのプロップファーム（自己売買専門会社）であるキングズ トリー・トレーディング社のトレーダー指導顧問として、多くのプロトレーダーを指導・教育したり、トレーダー訓練プログラムの作成などに当たっている。

ウィザードブックシリーズ 126

トレーダーの精神分析
自分を理解し、自分だけのエッジを見つけた者だけが成功できる

定価 本体2,800円+税　ISBN:9784775970911

性格や能力にフィットしたスタイルを発見しろ!
「メンタル面の強靱さ」がパフォーマンスを向上させる!
「プロの技術とは自分のなかで習慣になったスキルである」
メンタル面を鍛え、エッジを生かせば、成功したトレーダーになれる!
トレーダーのいろいろなメンタルな問題にスポットを当て、それを乗り切る心のあり方などをさらに一歩踏み込んで紹介。

ウィザードブックシリーズ 168

悩めるトレーダーのためのメンタルコーチ術

定価 本体3,800円+税　ISBN:9784775971352

不安や迷いは自分で解決できる!
トレードするとき、つまりリスクと向き合いながらリターンを追求するときに直面する難問や不確実性や悩みや不安は、トレードというビジネス以外の職場でも夫婦・親子・恋人関係でも、同じように直面するものである。
読者自身も知らない、無限の可能性を秘めた潜在能力を最大限に引き出すとともに明日から適用できる実用的な見識や手段をさまざまな角度から紹介。

マーセル・リンク

http://www.marcellink.com/

1988年からトレードに従事。始めたばかりのころS&P株価指数オプションで当時の彼としては巨額の600ドルを失った。それ以後、成績は向上した。過去20年間ニューヨーク金融取引所やニューヨーク綿花取引所のフロアで先物をトレードし、商品先物ブローカー会社（リンク・フューチャーズ）を創始者であり、コモディティ・プール・オペレーターを務め、大手デイトレード会社数社で株式のデイトレードを担当した。現在は独立のトレーダーとして大半の株価指数先物を手掛けている。コンサルティングにも応じ、2008年からセミナーにも力を入れている。

ウィザードブックシリーズ108
高勝率トレード学のススメ
小さく張って着実に儲ける

定価 本体5,800円+税　ISBN:9784775970744

あなたも利益を上げ続ける
少数のベストトレーダーになれる！
高確率な押し・戻り売買と正しくオシレーターを使って、運やツキでなく、将来も勝てるトレーダーになる！　夢と希望を胸にトレーディングの世界に入ってくるトレーダーのほとんどは、6カ月もしないうちに無一文になり、そのキャリアを終わらせる。この世でこれほど高い「授業料」を払う場があるだろうか。過酷なトレーディングの世界で勝つためのプログラムを詳しく解説。

ウィザードブックシリーズ205
続高勝率トレード学のススメ
自分に合ったプランを作り上げることこそが成功への第一歩

定価 本体5,800円+税　ISBN:9784775971727

トレードはギャンブルではない！
万人向けの出来合いのトレードプランなどあり得ない
自分流のスタイルを見つけよう！　トレーダーは成功のチャンスをものにしたいと思ったら、十分に練り上げられ、自分にあったプランが必要になる。そこには、仕掛けや手仕舞いの時期、資金管理の原則、プレッシャーを受けても一貫して決めたとおりに実行する規律が必要である。